コンパクト解説

日本とヨーロッパ・中東・アフリカ諸国との租税条約

矢内一好 [著]

財経詳報社

はしがき

　本書は、一覧性を重視した日本とヨーロッパ・中東・アフリカ諸国との租税条約のコンパクトな解説を目的としたものです。

　日本とアジア・大洋州・米州・旧ソ連諸国との租税条約の解説書は既に財経詳報社より出版しておりますので本書はその姉妹編ということになります。

　既に、前書のはしがきでも述べましたように、最近締結された租税条約については、『改正税法のすべて』に立法当局による新租税条約の解説が掲載されていますが、現行の租税条約のうち、古い時代に締結された租税条約にこの種の解説はありません。

　私は、単著として、『国際課税と租税条約』（1992年）、『租税条約の論点』（1997年）、『詳解日米租税条約』（2004年）、『解説　改正租税条約』（2007年）、『改正租税条約のすべて』（2013年）等を上梓してきましたが、個別の租税条約としては、日米租税条約の条文解説のみで、他の租税条約に関する条文解説書はありません。

　本書は、ヨーロッパ諸国との26の租税条約、中東諸国との7の租税条約、アフリカ諸国との3の租税条約を取り上げています。ヨーロッパについてはEUとの関係、旧東欧諸国時代の特徴が残るもの、中東諸国の多くは産油国で独特の税制を有していること、アフリカは日本の租税条約網の最も手薄な地域という各地域の特徴があります。また、ヨーロッパとアフリカ諸国との租税条約では、昭和に締結された租税条約が現在に至っている例もあります。他方、平成27年12月に改正署名された対ドイツ改正租税条約は、現在、日本が締結している租税条約の最新型になりました。

　このように、本書で取り上げた各国の租税条約は、50年以上前の古い形態から平成27年改正の最新型までを含む多様な租税条約の形態を示しています。

　本書の利用法は、本書掲載の特定の国との租税条約の情報を知りたい方は、直接そのページを開いてください。租税条約にこれまであまり接してこなかった方は第2部から第4部を最初に開いて、説明が必要と思われる事項について

は第1部を参照してください。なお，すでに，コンパクト解説・アジア編を購入した方には申し訳ありませんが，本書のみを購入された方のために，第1部の記述は前著と重複した内容になっています。

　本書が今後各方面において多少なりともお役に立てることがあれば幸いです。

　本書の出版を快く引き受けてくれた財経詳報社社長宮本弘明氏に厚くお礼を申し上げます。

　平成28年6月

矢内　一好

目　次

はしがき

第1部　租税条約の基礎知識

① 租税条約入門 Q&A ……………………………………………… 2
② 租税条約理解のための基礎用語 ………………………………… 5
③ 人的範囲・対象税目・一般的定義・居住者等の
　 チェックポイント ………………………………………………… 7
④ 恒久的施設（PE）のチェックポイント ………………………… 8
⑤ 不動産所得・事業所得・国際運輸業所得・特殊関連企業所得の
　 チェックポイント ………………………………………………… 9
⑥ 投資所得・譲渡収益のチェックポイント ……………………… 11
⑦ 自由職業所得・給与所得・役員報酬のチェックポイント …… 12
⑧ 芸能人等・退職年金・政府職員・教授・学生・事業修習生・そ
　 の他所得のチェックポイント …………………………………… 13
⑨ 相互協議・情報交換のためのチェックポイント ……………… 14
⑩ 各地域の租税条約の特徴 ………………………………………… 14

第2部　ヨーロッパ諸国との租税条約

アイルランド ………………………………………………………… 22
英国 …………………………………………………………………… 29
イタリア ……………………………………………………………… 43
オーストリア ………………………………………………………… 50

オランダ･･ 57
ガーンジー･･･ 64
ジャージー･･･ 64
スイス･･ 72
スウェーデン･･ 79
スペイン･･･ 86
スロバキア･･ 92
チェコ･･ 92
スロベニア･･ 99
デンマーク･･･ 101
ドイツ･･ 107
ノルウェー･･･ 123
ハンガリー･･･ 129
フィンランド･･･ 134
フランス･･･ 139
ブルガリア･･･ 152
ベルギー･･･ 157
ポーランド･･･ 164
ポルトガル･･･ 169
マン島･･･ 179
リヒテンシュタイン･･･････････････････････････････････ 183
ルーマニア･･･ 187
ルクセンブルク･･･････････････････････････････････････ 192

第3部　中東諸国との租税条約

アラブ首長国連邦（UAE）･････････････････････････････ 202
イスラエル･･･ 211
オマーン･･･ 217
カタール･･･ 222

クウェート······228
サウジアラビア······235
トルコ······240

第4部　アフリカ諸国との租税条約

エジプト・アラブ共和国······248
ザンビア······254
南アフリカ······258

第5部　資料

ヨーロッパにおける課税管轄の複雑性······264
金融口座情報自動交換制度の進展······267
新しい第三国仲裁案······275
フランスの離国税（exit tax）······277
スイスにおける富裕層への優遇税制······279
リヒテンシュタインの方針変更······280
ベルギーの優遇税制······282
ドバイからの対日投資······284
対アフリカ諸国等と英国の租税条約······285

（コラム：2種類のグーグル税）······91

（コラム：アフリカの国の数）······253

（引用資料）

　第2部から第4部の各国の概要の資料は外務省のHP（http://www.mofa.go.jp/mofaj/area/india/data.html#section1）（アクセス：2016年4月）等を参考としました。

（注意事項）

　租税条約が改正になる場合があります。実際に租税条約を適用する場合は，条文の確認と，専門家の意見を聞くことをお勧めします。

第1部
租税条約の基礎知識

❶ 租税条約入門Ｑ＆Ａ

　以下は，租税条約がどのようなものかということで，租税条約入門のＱ＆Ａです。次の項の租税条約理解のための基礎用語を併せてお読みいただければ，租税条約の全体像がみえてくると思います。

Ｑ：租税条約とは何ですか。	Ａ：租税条約とは，租税に関する国と国との取極めです。条約ということで，日本が締結している他の分野における各種の条約と同じものです。したがって，条約締結には，外務省と租税に関する事項ですので，財務省が担当しています。
Ｑ：租税条約の役割とは何ですか。	Ａ：国境を越えてヒト，モノ，カネが動きますと，自国（例えば，日本）と投資先の国の双方で課税関係が生じることがあります。これを国際的二重課税（厳密には所得に対する二重課税です。）といいます。国内のみで事業活動或いは投資を行っている場合，その国の課税のみで済みますが，複数の国でこれらの活動を行うと，二重課税という現象が生じ，税負担が増加します。そうなると，国際的な取引を行うという企業の意欲を阻害しますので，国際的二重課税をできるだけ排除する必要があります。そのために，投資が行われる国との間で租税条約が締結されます。
Ｑ：国際的二重課税はどうして起こるのですか。	Ａ：日本を居住地国，日本企業が所得を取得した外国の源泉地国をＳ国とします。 　日本居住者である日本企業の日本における課税所得の範囲と非居住者とした課税を受けるＳ国の課税所得の範囲は，次のとおりです。 ①日本の課税所得（全世界所得） 　　＝国内源泉所得＋Ｓ国源泉所得 ②Ｓ国の課税所得（国内源泉所得）＝Ｓ国源泉所得 　上記の式からも明らかですが，Ｓ国源泉所得が二重に課税されることになります。したがって，日本とＳ国との間に租税条約が締結されていますと，租税条約を適用して，Ｓ国における課税を免除或いは軽減すれば，二重課税は排除又は排除しやすくなります。Ｓ国における課税の軽減の場合は，日本とＳ国の二重課税になりますが，日本においてＳ国で支払った税額の外国税額控除をしますので，日本における外国税額控除により二重課税の排除が容易になるということです。

Q：租税条約が締結されていると税負担の面で得をしますか。	A：内国法人或いは個人居住者（以下「日本居住者」とします。）が条約相手国（A国とします。）に投資をした場合を例とします。そのポイントは次のとおりです。 ① （日本における課税）日本居住者は、国外源泉所得も日本で課税所得の範囲に含まれますので、租税条約が日本の税負担を減少する効果はありません。 ② （現地法人を設立した場合）日本居住者がA国において、現地法人を設立して事業活動を行ったとします。A国現地法人は、A国の内国法人ですので、その法人所得については、A国で課税を受けて、租税条約の特典の適用はありません。 ③ （A国における源泉徴収の軽減）A国法人が配当を日本居住者に支払うとします。A国国内法では、その源泉徴収税率が20％とします。租税条約では、配当に係る限度税率（源泉地国における課税の上限税率）を定めています。一般的には、親会社と子会社間の配当の場合は、課税免除、5％等の税率になります。源泉地国で課税免除ですと、日本居住者は、国際的二重課税が回避されて、20％の税負担を免除されるという租税条約の特典を享受できます。なお、外国子会社配当益金不算入制度の適用要件に租税条約が関係する場合があります。 ④ （結論）租税条約があると、税負担の面で得をすることが多いといえます。
Q：租税条約の条文は税法六法に登載されていませんが、条約集はどのように入手しますか。	A：租税条約の条文を登載している書籍は『租税条約関係法規集』（清文社）があります。また、外務省のHPの条約のサイトと財務省の租税条約のサイトに条文があります。
Q：租税条約の条文には、「一方の締約国」「他方の締約国」という用語が頻繁に用いられて大変判りづらいのですが、どうすればよいのでしょうか。	A：次に掲げたのは、日米租税条約の事業所得条項（第7条）第1項の規定です（アンダーライン部分は筆者が付したものです。）。 「一方の締約国の企業の利得に対しては、その企業が他方の締約国内にある恒久的施設を通じて当該他方の締約国内において事業を行わない限り、当該一方の締約国においてのみ租税を課すことができる。一方の締約国の企業が他方の締約国内にある恒久的施設を通じて当該他方の締約国内におい

	て事業を行う場合には，その企業の利得のうち当該恒久的施設に帰せられる部分に対してのみ，<u>当該他方の締約国</u>において租税を課することができる。」 　租税条約の適用は双方向になりますので，日本と米国という固有名詞を規定することができません。洋服に，リバーシブルというものがありますが，租税条約もある意味リバーシブルな規定です。米国の企業が日本に支店等を設けて事業活動をする場合は，「一方の締約国」は米国，「他方の締約国」は日本と読みます。また，日本からの対米投資の場合は，これが逆になります。このように，投資の方向を間違えることなく読み替えを行うとよく判ります。
Q：日本と途上国との租税条約では，租税の軽減をするのは途上国になりますが，日本だけが得をするということにはなりませんか。	A：現在，日本が近い将来締結することが予測されている租税条約として，対ミャンマー租税条約があります。対ミャンマー租税条約を例にすると，ミャンマーは日本からの投資により生じた所得に対する課税を減免することになるため，不利になるのではないかと思われることがあります。投資をする日本側としては，ミャンマーにおける課税が租税条約により安定し，かつ，減免されるため，租税条約が締結されることを歓迎します。他方，ミャンマー側としては，確かに，課税面では減免による税収減という効果がありますが，日本からの投資が増加することによる経済的効果がもたらす利益を重視します。要するに，投資が仮に一方通行になったとしても，両国の利害は一致するのです。
Q：租税条約と国内法の規定が異なるときは，どうするのですか。	A：租税条約の役割は，源泉地国における課税を減免して国際的二重課税を排除することですので，租税条約が国内法よりも税負担を増加させることはないことになります。日本の場合は，憲法第98条第2項の規定により租税条約優先適用となりますが，国によっては，その適用関係が異なることがあります。
平成26年度税制改正の影響 （チェックポイント） 国内法がAOAに基づいて改正されました。具体的には，PEと本店の内部取引を	平成26年度税制改正では，従来の総合主義から帰属主義に改正されています。この帰属主義は，PEに帰属する利得についてのみ総合課税するというものです。このような改正を行った背景には，OECDにおいて，従来のモデル租税条約の事業所得条項の規定では帰属主義を原則としていましたが，その解釈や運用が各国で統一されていなかったため，結果として二重課税・二重非課税を排除することができなかったこと

所得として認識する等が行われ，単純購入非課税の原則が廃止されましたが，租税条約に異なる定めがある場合は，租税条約優先適用となります。	から，このモデル租税条約における事業所得条項が，PEの果たす機能及び事実関係に基づいて，外部取引，資産，リスク，資本をPEに帰属させ，PEと本店等との内部取引を認識し，その内部取引が独立企業間価格で行われたものとして改正され，PE帰属所得を算定するアプローチ（Authorised OECD Approach，以下「AOA」といいます。）が採用されたからです。この改正による適用は，平成28年4月1日以後に開始する事業年度分の法人税及び平成29年分以後の所得税について適用となっています。この日本の国内法に対応して改正された租税条約は，現在のところ，日英租税条約と署名済の日独新租税協定だけですので，一般的には，租税条約が国内法に優先する事態が当分の間続くことになります。

❷ 租税条約理解のための基礎用語

租税条約には独特の用語が登場します。以下は，これらの用語のいくつかについての解説です。

Q：租税条約の署名・批准書・発効の手続	A：①条約交渉が開始となると，両国は相互に国内法の資料を交換して相手国の税制等の調査を開始します。 ②条約案としては，OECDモデル租税条約等がベースになります。 ③相互に相手国を訪れる形で条約交渉が行われ，合意されると交渉団の責任者が合意文書のすべてのページにイニシャルを記入します。 ④日本の場合は，条約の内容の細部の検討と内閣法制局審議が行われ，閣議決定を経て条約に<u>署名</u>されます。 ⑤署名後に，条約の議会承認の手続になります。 ⑥議会承認が済みますと，<u>批准書</u>が両国政府間で交換され，通常30日程度を経て発効します。具体的な租税条約の適用は発効した翌年の1月1日よりというものが一般的です。
Q：議定書（protocol）とは何ですか。	A：議定書は，租税条約に付随して，条約本文を補足する等の役割のある文書の意味と，租税条約の一部改正を含む条約改正案のように，租税条約の改正案を記載した文書として使用される場合もあります。この一部改正の場合も議会手続が必要です。

Q：交換公文（Exchange of Notes）とは何ですか。	A：交換公文は，両国政府間で到達した条約に関する行政レベルにおける了解事項という意味です。日本における手続は，閣議の了解です。
Q：租税条約実施特例法とは何ですか。	A：「租税条約の実施に伴う所得税法，法人税法及び地方税法の特例等に関する法律」という法律があります。この法律は一般に省略して「租税条約実施特例法」或いはさらにその短縮形として「実特法」と呼ばれています。この法律は国内法ですので，「税務六法」に登載されているものです。この法律の役割は，租税条約と国内法を結ぶ橋渡しです。租税条約における投資所得に関する限度税率は，例えば，「10％を超えないものとする。」と規定しているとします。この規定は，源泉地国における国内法の非居住者に対する所得の税率が20％であっても，源泉地国における条約相手国の居住者に対する源泉徴収を国内法による20％ではなく，租税条約を適用して最高10％とするというものです。この源泉地国が日本である場合，このままでは，源泉地国において具体的な適用ができません。なぜならば，「最高税率を10％にする。」と規定しているので，具体的に何％か明らかでないからです。そこで，租税条約実施特例法がこの租税条約上の限度税率を国内法の適用上源泉徴収の税率とすると規定したことから，日本における課税は，限度税率を所得税法に定める税率と読み替えることで課税関係が完了することになります。
Q：モデル租税条約とは何ですか。	A：最も有名なモデル租税条約は，OECDモデル租税条約です。 　一般にOECDモデル租税条約という形で使用する場合，所得税に係るOECDモデル租税条約（OECD Model Tax Convention on Income and on Capital）が有名ですが，1982年に制定した「遺産・相続・贈与税モデル租税条約（Model double taxation convention on estates and inheritances and on gifts）」もあります。1979年に制定され，1995年に改訂された国連モデル租税条約（Department of Economic & Social Affairs, United Nations Model Double Taxation Convention between Developed and Developing Countries）は，現在，ネット上に2011年版がアップされています。この他に，米国モデル租税条約は，1977年に制定された後，1980年，1996年，2006年と改訂されて，現在は，2016年版

	（2016 U. S. Model Income Tax Treaty）です。日本は独自のモデル租税条約を定めていません。
Q：税務行政執行共助条約（Convention on Mutual Administrative Assistance in Tax Matters）とは何ですか。	A：BEPS行動計画15に関連して，多国間協定の先例として，税務行政執行共助条約（以下「共助条約」といいます。）の概要と現況を調べる必要があります。日本は，2011年（平成23年）11月4日に共助条約に署名し，2013年（平成25年）6月28日に受託書をOECDに寄託し，同年10月1日にこの条約が発効しています。これまでの租税条約は，一般に二国間租税条約ですが，この共助条約は多国間条約であることと，租税条約が二国間の二重課税の排除と脱税の防止を目的としているのに対して，共助条約は税務行政を相互に支援するための条約である点で一般の租税条約とは異なった性格を有しています。共助条約における執行共助（administrative assistance）の内容としては，次の3つが規定されています。 ①同時税務調査及び他国の税務調査への参加を含む情報交換 ②保全措置を含む租税債権徴収における協力 ③文書の送達

❸ 人的範囲・対象税目・一般的定義・居住者等のチェックポイント

　租税条約は，その多くが類似した条文構成になっていますが，その締結年次等の差異により，条文構成及びその内容が異なっていることがあります。以下は，各租税条約に共通する事項についてそのチェックポイントを掲げます。なお，ここに掲げた条と実際の租税条約の規定が異なることがありますが，以下は，あくまでも標準的な条文構成を想定したものです。

人的範囲（第1条） （チェックポイント） 租税条約の適用対象者は，租税条約を締結している国の居住者です。国籍ではありません。	本条は，租税条約の適用対象となる人的範囲として，一方又は双方の締約国の居住者であることを規定しています。この居住者については，第4条（居住者）の第1項に通常定義されています。各国は，居住者について国内法に定義を置き，その課税所得の範囲を定めています。したがって，国内法に定める居住者の課税所得範囲が全世界所得であるかどうかは，国内法にその権限を委ねていることになっています。

対象税目（第2条） （チェックポイント） 対象税目の税目には，既に廃止・改正されたものもあります。	本条は，租税条約の対象となる税目に関する規定です。この規定により，租税条約の対象税目ではない税目の課税は，租税条約における二重課税排除の適用はなく，国内法に基づく片務的救済に依存することになります。地方税等が含まれているか否かが特徴になります。
一般的定義（第3条） （チェックポイント） 中国とは3つの租税条約があります（中国本土，香港，マカオ）。	租税条約では，各項目に共通する定義等は，本条に規定しています。その他に，配当，利子，使用料等は，個別の条項で定義されています。本条では，地理的範囲が規定されています。また，本条第2項に，条約において定義されていない用語は，課税をする国の国内法によることになります。
居住者（第4条） （チェックポイント） 条約相手国が居住者と判定すれば，租税条約の適用対象者になります。課税をする源泉地国が判定するわけではありません。	（居住者判定の基準） ①居住地国の国内法により居住者と判定されたこと ②居住地国において居住者として課税を受けていること （第4条第1項後段：支店等のPE）支店等のPEは，その所在地国において納税義務者であっても，ここに規定する一方の締約国の居住者には該当しません。 （双方居住者）新しい租税条約では，振分け規定がありますが，古い形態の場合は，両国の権限ある当局による合意により判定されます。

❹ 恒久的施設（PE）のチェックポイント

この規定は，事業所得の課税要件であるPEの有無を判定するものです。

恒久的施設 （第5条第1項）	（PEの定義）この条約の適用上，恒久的施設とは，企業がその事業の全部又は一部を行っている場所を通じて事業を行う一定の場所をいう。
恒久的施設 （第5条第2項）	PEの例示列挙（事務所，支店，工場，天然資源採掘所等を含みます。）
恒久的施設 （第5条第3項）	建設PEのチェックポイント ①建設PEの判定期間 ②監督活動が含まれているか否か ③コンサルタントに係る規定の有無

恒久的施設 (第5条第4項)	PEとは判定されない準備的補助的活動（現在BEPSで検討中）
恒久的施設 (第5条第5項)	PEとなる従属代理人等の規定（租税条約により課税となる代理人PEの範囲に，注文取得代理人，在庫保有代理人が含まれます。）（現在BEPSで検討中）
恒久的施設 (第5条第6項)	PEとならない独立代理人の規定：この独立代理人に該当するのは，通常の方法でその業務を行う仲立人，問屋その他の独立の地位を有する代理人です。この場合のキーワードは，「通常の方法」と「法的経済的独立性」です。
恒久的施設 (第5条第7項)	子会社等は，PEとはならないことを確認的に規定しています。
PE課税のチェックポイント	①日本よりも投資先の国で，駐在員事務所（特に中国要注意），現地子会社等が条件によりPEと認定される可能性があります。 ②建設PEとなる場合，納税主体となる元請会社と実際の工事を施行して所得を得た下請会社の外国税額の配分，証明書等に要注意

- 上記の7項の構成が最も一般的ですが，日本・チリ租税条約では，準備的補助的活動及び独立代理人の規定が変化しています。
- 事業所得の課税要件は，PEの存在です。「PEなければ課税なし」は事業所得課税の格言です。投資所得（配当，利子，使用料等）は源泉徴収で課税になりますので，「PEなくても課税あり」です。

❺ 不動産所得・事業所得・国際運輸業所得・特殊関連企業所得のチェックポイント

不動産所得 (第6条)	不動産から生ずる所得について，その所在地国に課税権を認める規定です。なお，不動産の譲渡所得については，譲渡収益条項（第13条）に規定があります。
事業所得 (第7条第1項)	2つの重要な原則 ①源泉地国にPEがなければ事業所得の課税はできないという原則

	②帰属主義（PEに帰せられる利得のみが所得源泉地国において課税となることを定めた原則）
事業所得 （第7条第2項）	企業の一部である支店等のPEを本店から分離独立した企業とみなし，この独立した企業間で一般の市場における条件及び価格で取引をした場合に得るであろう利得を恒久的施設に帰属する利得とする原則（独立企業の原則）が規定されています。
事業所得 （第7条第3項）	本店配賦経費が支店等で控除できることを定めています。
事業所得 （第7条第4項）	一定の条件の下で，独立企業の原則以外の計算方法によることを認めている規定です。
事業所得 （第7条第5項）	単純購入非課税の原則（他に事業を行っているPEが，本店等のために行う商品の購入からの利益及びそれに係る費用を，その所得計算から除くことを規定しています。）
事業所得 （第7条第6項）	この規定は，所得算定方法の継続性を要請している規定です。
事業所得 （第7条第7項）	他の条項に規定のある所得と事業所得条項の関連について規定したもので，投資所得の場合は，まず，それぞれの所得について規定する条項が第7条（事業所得条項）に優先して適用となります。
国際運輸業所得 （第8条） （チェックポイント） PEあっても課税なしです。	この所得は，基本的に源泉地国免税，居住地国課税です。ポイントは国際運輸業に付随する所得がこの所得に含まれるか否かです。
特殊関連企業所得 （第9条）	第1項は，当該関連者間取引における価格等の操作を通じて，所得が一方の締約国の企業に移転しているときは，これを修正することができることを規定しています。 第2項は，対応的調整（例えば，外国子会社の所得が移転価格税制の適用により増額更正された場合，親会社は，外国子会社において増額更正された部分の所得について既に申告納税を完了していることから，親会社について二重課税を調整する措置が必要となります。）

- 事業所得に関して，上記7項から構成されている租税条約例が多いことから，この条約上の規定を以下では，「基本7項」と表記します。
- OECDは，OECD承認アプローチであるAOA（authorized OECD approach）を導入した新しい事業所得条項であるモデル租税条約新7条を制定しました。日本はこれを受けて平成26年度税制改正において「帰属主義」を導入しています。日本の租税条約では，日英租税条約及び新たに改正される日独租税協定がAOAを採用しています。

❻ 投資所得・譲渡収益のチェックポイント

配当（第10条） （チェックポイント） 配当の限度税率は親子間配当と一般配当で通常区分されています。親子間配当の適用要件に注意。	配当条項は，親子間配当と一般配当の限度税率が第1のポイントです。第2のポイントは，配当が，源泉地国に存在するPE等の財産の一部を構成する持分に対してなされた場合，当該配当は，PE等の利益の一部として課税されることになります。
利子（第11条）	第1のポイントは利子の限度税率です。第2は利子の定義です。第3は，PEの事業所得に含まれる利子の規定です。第4は，利子の所得源泉地です。第5は，移転価格税制適用の場合の処理です。
使用料（第12条） （チェックポイント） 使用料の定義は租税条約の年代により異なります。また，譲渡収益との関連もあるので要注意です。	第1のポイントは使用料の限度税率です。第2は使用料の定義です。第3は，PEの事業所得に含まれる使用料の規定です。第4は，使用料の所得源泉地です。第5は，移転価格税制適用の場合の処理です。
譲渡収益（第13条） （チェックポイント） ①不動産化体株式の規定の有無	この規定は，不動産の譲渡益，PEの事業用資産の譲渡益，国際運輸に使用する船舶等の譲渡益等を別段の定めとして，これら以外の所得（株式等）は居住地国課税と源泉地国課税に分けられています。不動産の譲渡益は，その不動産の所在地国で課税となりますが，この課税を回避するために，不動

②事業譲渡類似の規定の有無 ③株式の譲渡益は源泉地国課税か，居住地国課税かの確認	産を保有する法人の株式を譲渡して，間接的に不動産の所有権を移転する方法があります。このような租税回避を防止するために，所定の不動産を保有する法人の株式を不動産化体株式として，不動産所在地国において課税することを規定している租税条約もあります。
（投資先の国におけるチェックポイント）	①源泉徴収の還付金の戻り（国内法と限度税率の税額の差額）は全般に時間がかかるので要注意です。 ②内国法人等が投資をした源泉地国における租税条約の課税の減免を受けるための手続に各国相違があることから要注意です。

- 日本と締結している租税条約において事業譲渡類似の規定のある租税条約としては，オーストリア，シンガポール，大韓民国，デンマーク，フランス，ベトナム，メキシコ，との間の租税条約があります。

❼ 自由職業所得・給与所得・役員報酬のチェックポイント

自由職業所得（第14条）OECDモデル租税条約では2000年に廃止。	この所得の課税要件は，固定的施設の有無或いは滞在日数により判定されます。
給与所得（第15条）（チェックポイント）課税は原則として働いた国です。	給与所得の所得源泉地は役務提供地です。本条第2項の短期滞在者免税の規定では，183日ルールが暦年（古い規定）か，いずれかの12か月（新しい規定）となっています。
役員報酬（第16条）（チェックポイント）ここにおけるポイントは国により役員の定義が異なることです。	本条は，一方の締約国の居住者が他方の締約国の居住者である企業の役員の資格で取得する報酬について，役員の役務提供の場所を特定することが難しいことから，企業の居住地国において課税することを定めています。

⑧ 芸能人等・退職年金・政府職員・教授・学生・事業修習生・その他所得のチェックポイント

芸能人等（第17条）	芸能人・運動家等の取得する報酬は，その活動が独立的であれ，従属的であれ，個人的活動の行われた国において課税することを定めています。芸能人等の所得が法人等により受け取られる場合，当該法人の利得については，源泉地国が課税できることを規定しています。
退職年金（第18条） （チェックポイント） 租税条約にこの規定がない場合は国内法の適用になります。	本条は，政府職員に係る退職年金に対しては適用されませんが，個人の私的勤務に基因して支払われる退職年金について，その受領者の居住地国においてのみ租税を課すことを定めています。
政府職員（第19条）	政府職員への報酬（給与，退職年金）は，派遣国で課税になります。接受国の国民の場合は，接受国で課税です。
教授（第20条）	一定の条件を満たす場合，2年間の源泉地国免税が規定されています。
学生・事業修習生（第21条） （チェックポイント） 条約ごとに内容が異なりますので要注意です。	学生又は事業研修生が，生計維持，教育，訓練を受けるために，滞在地国外から受領する金銭等については，当該滞在地国において租税を免除することを規定しています。この規定は租税条約ごとに規定が異なっています。
その他所得（第22条）	本条は，各条に規定のない所得及び条約上所得源泉地の明らかでない所得について適用されます。基本的には居住地国課税です。

⑨ 相互協議・情報交換のためのチェックポイント

相互協議（第25条）	本条約に適合しない課税を受ける者は，国内法に定める救済手段とは別に，その居住地国又は自己が国民である国の権限のある当局に対して，申立てをすることができます。租税条約により期間制限は最初の課税通知のあった日から3年以内と規定されているものもあります。新しい租税条約である対香港租税条約等には仲裁の規定があります。
情報交換（第26条）	情報交換協定を除いて，既に日本との間に租税条約を締結して国で，金融情報等の情報交換規定を中心に改正された租税条約及び新規の租税条約は次のとおりです（署名の年次）。 ①平成22年：ルクセンブルク租税条約改正 ②平成22年：ベルギー租税条約改正 ③平成22年：シンガポール租税条約改正署名 ④平成22年：マレーシア租税条約改正署名 ⑤平成22年：スイス租税条約改正署名 ⑥平成22年：香港新租税条約署名 ⑦平成25年：インド租税条約改正署名

⑩ 各地域の租税条約の特徴

(1) ヨーロッパ諸国との租税条約とEUの関係

　ヨーロッパ諸国との租税条約のうち，現行租税条約として最も古いものは，昭和36年（1961年）署名の対オーストリア租税条約です。

　以下は，欧州連合（EU：European Union）の沿革です。

1950年（昭和25年）	シューマン宣言（石炭，鉄鋼等を共同管理する欧州の機構を提唱）
1952年（昭和27年）	仏，西独，ベルギー，イタリア，ルクセンブルク，オランダ（EU原加盟国）が欧州石炭鉄鋼共同体設立
1957年（昭和32年）	ローマ条約（上記6か国により調印された欧州経済共同体設立条約と欧州原子力共同体設立条約の2つの条約）

1965年（昭和40年）	ブリュッセル条約署名（3つの共同体である，欧州石炭鉄鋼共同体・欧州経済共同体・欧州原子力共同体を統合する条約）
1973年（昭和48年）	デンマーク，アイルランド，英国が加盟
1981年（昭和56年）	ギリシャが加盟
1986年（昭和61年）	ポルトガル，スペインが加盟
1995年（平成7年）	オーストリア，フィンランド，スウェーデンが加盟
2004年（平成16年）	キプロス，チェコ，エストニア，ハンガリー，ラトビア，リトアニア，マルタ，ポーランド，スロバキア，スロベニアが加盟
2007年（平成19年）	ブルガリア，ルーマニアが加盟
2013年（平成25年）	クロアチアが加盟

　ヨーロッパ諸国との租税条約は，★印の情報交換協定を含めて26あります。現行租税条約で発効を基準に古い順に並べると次のとおりです。なお，現行租税条約が原租税条約或いは改正租税条約が一部改正されている場合は，その改正年を基準としています。●は，旧東欧諸国です。

	国名等	現行租税条約
1	オーストリア	昭和38年4月
2	デンマーク	第2次条約　昭和43年7月
3	スペイン	昭和49年11月
4	アイルランド	昭和49年12月
5	ルーマニア●	昭和53年4月
6	スロバキア●	昭和53年11月
7	チェコ●	昭和53年11月
8	ハンガリー●	昭和55年10月
9	イタリア	昭和48年3月（一部改正）昭和57年1月
10	ポーランド●	昭和57年12月
11	ドイツ	昭和42年6月（一部改正）昭和59年5月

12	ブルガリア●	平成3年8月
13	フィンランド	昭和47年12月（一部改正）平成3年12月
14	ノルウェー	第3次条約平成4年12月
15	フランス	第2次条約（一部改正）平成19年12月
16	マン島★	平成23年9月
17	オランダ	第2次条約平成23年12月
18	ルクセンブルク	平成4年12月（一部改正）平成23年12月
19	スイス	昭和46年12月（一部改正）平成23年12月
20	リヒテンシュタイン★	平成24年12月
21	ポルトガル	平成25年7月
22	ガーンジー★	平成25年8月
23	ジャージー★	平成25年8月
24	ベルギー	昭和45年4月（一部改正）平成25年12月
25	スウェーデン	第2次条約（一部改正）平成26年10月
26	英国	第3次条約（一部改正）平成26年12月

ここでの問題は，日本がEU加盟国と租税条約を締結する場合，当該租税条約において，他のEU加盟国居住者の取扱いが問題になります。

(2) 同等の受益者の特例

例えば，日英租税条約議定書5には，源泉地国免税となる配当に関連する同等受益者の特例が規定されています。

これに関する具体的な事例は，次のような場合です（『平成18年度版　改正税法のすべて』大蔵財務協会　525-526頁）。

例えば，英国親会社と日本子会社の関連において，日本子会社からの支払配当について条約免税を英国親会社が請求する場合，この英国親会社の株式の3分の2がフランス居住者であるフランス法人G社とF社に均等に所有されていたとします（その他の株式は英国法人が所有しています。）。

日仏租税条約の配当条項（同条約第10条）の規定では，一般配当の限度税率15％，親子間配当の限度税率5％，親会社が適格居住者である場合は源泉地国

免税という規定です（平成19年1月の改正署名前の日仏租税条約の規定によります。）。この場合の条約免税となる要件は，日本法人からの支払配当の場合，フランス親会社が6か月間を通して日本子会社の議決権株式の15％以上を直接保有することであり，かつ，フランス親会社が同条項に定める適格居住者に該当する場合です。

したがって，上記のフランス法人G社及びF社は，日仏租税条約に定める条約免税の要件を満たせば日本における支払配当の源泉徴収を免税することができることから，本条約を利用した条約の不正使用を目的として英国親会社を設立したとは考えられないことになります。このような場合，G社及びF社に関する同等受益者の判定において，フランス法人の保有する日本子会社の持株割合を英国親会社の持株割合と同数とみなすことで，フランス法人は同等受益者となり，英国親会社は配当免税の特典を受けることができるように措置されています。なお，平成19年1月に日仏租税条約の改正の署名が行われ，特定の親子間配当について条約免税となっています。

(3) 旧東欧諸国との租税条約

旧ソ連は，1990年3月のバルト三国が分離独立し，1991年12月にソ連はロシア等の国々に解体されました。1980年代中頃から旧東欧諸国も経済の自由化が起こりましたが，日本が旧東欧諸国と租税条約を締結したのは，ブルガリアを除いて，それ以前ということになります。

例えば，使用料について，文化的使用料と工業的使用料が分かれているのが，旧ソ連，旧東欧租税条約の特徴といえます。

旧ソ連租税条約が適用になる国々を除いて，旧東欧諸国では，スロバキア，ハンガリー，ポーランド，ルーマニアに文化的使用料と工業的使用料の規定があります。

(4) 中東産油国との租税条約

ペルシャ湾岸の産油国は，防衛・経済等のあらゆる分野における参加国間での調整，統合，連携を目的として1981年に湾岸協力会議（Gulf Cooperation Council：GCC）を設立しました。参加国は，サウジアラビア，アラブ首長国連邦（UAE），バーレーン，オマーン，カタール，クウェートです。日本がGCC

加盟国のうち租税条約を締結していないのは、タックスヘイブンであるバーレーンだけです。

このGCC加盟国の特徴は、他の加盟国の企業及び個人居住者が自国内で所得を得た場合であっても、免税する措置が講じられています。また、産油国の多くは、財政収入の大部分を石油関連からの収入に依存しています。税制面では、個人所得税がない国が多いということと、ザカートというGCC加盟国の企業及び国民に課される税があることです。

(5) 租税条約における租税回避防止規定としての主要目的テスト

租税条約には租税回避防止規定が規定され、その一例が「受益者概念」ですが、この他には、日米租税条約等に規定のある「特典制限条項（LOB）」があります。この規定は、米国における租税条約において進展したもので、現在ではOECDモデル租税条約においても認められています。この規定の役割は、第三国居住者が他国の締結した租税条約を不正利用しないように、その適用対象者等を制限する規定です。

イ　PPT範囲限定型

日英租税条約等には、受益者、特典制限条項に加えて、主要目的テスト（PPT）が規定されています。例えば、日英租税条約第10条第9項には、「配当の支払の基因となる株式その他の権利の設定又は移転に関与した者が、この条の特典を受けることを当該権利の設定又は移転の主たる目的の全部又は一部とする場合には、当該配当に対しては、この条に定める租税の軽減又は免除は与えられない。」（筆者棒線）という規定があります。

これが主要目的テストで、現在、OECDのBEPSの活動計画でも検討されている概念です。

問題は、主要目的テストは主観的な概念のように思われるが、このテストは、英国の租税回避防止規定に1940年ごろから使用されているもので、1998年に英国の当時の課税庁（Inland Revenue and Customs and Excise）が一般否認規定を検討した時の文書では、その判定要素が記述されています[注]。その文書では、その唯一の目的或いは主たる目的若しくは主たる目的の1つが、法人による租税回避である取引と判定して一般否認規定を適用する場合、取引の目的に関する判定要素として、次の項目が掲げられています。

① 取引により作り出された権利と義務を含むその法的形態
② その経済的及び商業上の実質
③ 取引が行われた時期及びその期間
④ 当該者の財務上等の変化，或いは，取引の結果生ずることが合理的に予測できる変化
⑤ GAARが適用されなかった場合の取引に対する課税上の結果

したがって，租税条約における解釈においても上記の判定要素は参考になるものと思われます。

ロ　PPT共通型

日本の締結している租税条約のうち，PPTのみを規定している条約例は次のとおりです。

・日韓租税条約議定書3（両国の権限ある当局の合意：両国の権限ある当局が規定の濫用に当たると合意する場合，その特典は適用できないとするもの）
・日本・香港租税協定（第26条）
・日本・サウジアラビア租税条約（第24条）等

この上記の規定は，範囲限定型とほぼ同様の内容であるが，各条項共通という規定になっています。

ハ　PPT広義適用型

平成28年に署名された日独新租税条約第21条はLOBの規定と同条第8項に次のようなPPTの規定があります。本条約では，第21条（特典を受ける権利）LOBとPPTが規定されています。このPPTの規定は，日英租税条約における規定よりその適用範囲は拡大しているといえます。

> 第21条第8項　この協定の他の規定にかかわらず，全ての関連する事実及び状況を考慮して，この協定の特典を受けることが当該特典を直接又は間接に得ることとなる仕組み又は取引の主たる目的の一つであったと判断することが妥当である場合には，当該特典を与えることがこの協定の関連する規定の目的に適合することが立証されるときを除き，その所得については，当該特典は，与えられない。

この規定は，前出のPPT範囲限定型，PPT共通型よりも，適用となる所得

の限定はなく，PPT の適用が前出の２つの規定よりも広義といえます。

なお，日独新租税条約には，LOB, PPT 以外に，国内法の否認規定適用容認規定と解されるものがあり，その規定（第21条第９項）は次のとおりです。

9　この協定の規定は，租税回避又は脱税を防止するための一方の締約国の法令の規定の適用をいかなる態様においても制限するものと解してはならない。ただし，これらの規定がこの協定の目的に適合する場合に限る。

　（注）　Inland Revenue and Customs and Excise, "A General Anti-Avoidance Rule for Direct Taxes: Consultative Document", 5 Oct. 1998. pp. 13-14.

第2部
ヨーロッパ諸国との租税条約

日本・アイルランド租税条約

① 租税条約の基礎データ

(1) アイルランドの概要

国　名	アイルランド　Ireland
面　積	7万300 km^2（北海道とほぼ同じ）
人口（万人）	461（2014年）
言　語	アイルランド語（ゲール語）及び英語
宗　教	84.2%がカトリック教徒
GDP（億US＄）	2,321（2013年）
主要貿易相手国 (2013年)	輸出：英国，米国，ドイツ，ベルギー，フランス，オランダ，イタリア，スペイン 輸入：米国，英国，オランダ，ドイツ，フランス，中国，イタリア，ベルギー
通　貨	ユーロ

(2) 租税条約の基礎データ

	現行租税条約	原条約等
アイルランド	（署名）昭和49年1月 （発効）昭和49年12月	同　左
日本・アイルランド租税条約の正式名称	「所得に対する租税に関する二重課税の回避及び脱税の防止のための日本国とアイルランドとの間の条約」	

(3) 租税条約の条文構成

第1条（適用対象者）	第2条（対象税目）	第3条（一般的定義）
第4条（居住者）	第5条（送金課税）	第6条（恒久的施設）
第7条（不動産所得）	第8条（事業所得）	第9条（国際運輸業所得）
第10条（特殊関連企業）	第11条（配当所得）	第12条（利子所得）
第13条（使用料所得）	第14条（譲渡収益）	第15条（自由職業所得）
第16条（給与所得）	第17条（役員報酬）	第18条（芸能人等）
第19条（退職年金）	第20条（政府職員）	第21条（学生）
第22条（教授）	第23条（その他所得）	第24条（二重課税の排除）
第25条（個人居住者の権利）	第26条（無差別取扱い）	第27条（相互協議）
第28条（情報交換）	第29条（外交官）	第30条（発効）
第31条（終了）	交換公文（第17条，第20条，みなし外国税額控除）	

(4) アイルランドの税制

法人税率	12.5％（事業所得及び非居住者からの受取配当），25％
キャピタルゲイン税	33％
外国法人支店税	12.5％
源泉徴収	配当20％，利子20％，使用料20％
支店送金税	0％
損失の繰戻	1年
損失の繰越	無制限
付加価値税	23％（標準税率）
日本と租税条約	あ　り
個人所得税	最高税率41％
相続税・贈与税	税率いずれも33％（Capital Acquisition Tax）

(5) ダブルアイリッシュ・ダッチサンドイッチ等の租税回避

イ これまでの経緯

(イ) 事案の概要

　米国IT産業のG社による国際的利益移転として公表されたスキームは、Double Irish with a Dutch Sandwich（以下「DIDS」という。）といわれるもので、アイルランド、オランダ、バミューダの税制を利用して、本来であれば、米国において課税対象となる利益をバミューダに移転することで、G社は多額の節税を図ったというものです。

　G社はこのスキームにおいてバミューダを利用しましたが、他社の場合、ケイマン諸島、英領バージン諸島を利用しているケースもあり、このような事例がOECD（経済開発協力機構）によるBEPS（税源浸食と利益移転）活動の原因となったのです。このスキームは、本来であれば、米国において課税対象となる米国国外で生じた所得に係る税負担を軽減するために、タックスヘイブンである英領バミューダに所得を移転することで、同社の税負担を軽減することがその目的です。なお、アイルランドの2015年度予算案（2014年10月14日公表）では、「ダブルアイリッシュ」の優遇措置廃止の政策が掲げられました。

(ロ) アイルランドの法人税率と源泉徴収税率

　アイルランドの法人税率は、12.5％です。また、使用料所得については、居住者或いは非居住者を問わず、20％で源泉徴収されます。この20％の源泉徴収を回避するために、次に掲げるオランダを利用したのです。

(ハ) アイルランド・オランダ租税条約

　この租税条約における投資所得（配当、利子、使用料所得）に対する源泉地国における限度税率は、ゼロです。

(ニ) オランダの国内法とバミューダの税制

　オランダは、国内法において利子及び使用料所得に対する源泉徴収を行っていません。そこで、アイルランド⇒オランダ⇒アイルランドという支払により源泉徴収を回避し、その所得を管理支配しているバミューダ法人に帰属するとしたのです。バミューダは英国の海外領土ですが、所得税（法人税を含む。）、源泉税、譲渡収益税のいずれの課税もありません。

ロ アイルランドの税制（法人の居住形態）

　アイルランド居住法人は、キャピタルゲインを含む全世界所得が同国におい

て課税所得となります。法人の居住形態の判定は，原則として，同国内において経営，管理が行われているか否かという管理支配地主義により判定されますが，設立準拠法主義により判定される場合もあります。この設立準拠法主義に基づく判定は，次のいずれかに該当する場合にはできないことになります。
① 当該法人又はその関連法人（普通株式の50％以上所有）がアイルランドにおいて事業を遂行し，かつ，当該法人が，EU加盟国の居住者（個人又は法人）により支配されているか，又は，アイルランドの租税条約締約国の居住者（個人又は法人）により支配されているか，のうちいずれかの条件を満たす場合
② 当該法人が，租税条約の適用上条約相手国の居住者であり，かつ，アイルランドの居住者でない場合

❷ 租税条約の解説

(1) 対象税目（第2条）

アイルランドは所得税（付加税を含む。）と法人利潤税です。現行の税制では，個人所得税と法人税ということになります。日本側は所得税，法人税，住民税です。

(2) 居住者（第4条）

双方居住者の場合は，個人は協議により，法人は本店所在地国の居住者となります。アイルランドでは，法人については，管理支配地主義が原則ですが，2013年の法改正により，2013年10月24日以降にアイルランドで設立された法人で次のすべての要件を満たすものは，アイルランド居住法人とされることとなりました。当該改正は，2015年1月1日から施行されています。
① 中枢を担う経営管理機能が租税条約締結国で行われていること
② 当該国で設立されていたならば，当該国の法律により当該国の居住法人とされていたこと
③ 当該国の法律により，当該国の居住法人とみなされないこと

(3) 恒久的施設（PE）（第6条）

建設工事等は，12か月を超えるとPEとなります。芸能法人等は芸能人等の役務提供の活動をする場合，その活動を行った国にPEがあるものとされます（本条第4項）。在庫保有代理人はPEになります。

(4) 事業所得（第8条）

本条の各項は，第1項帰属主義，第2項独立企業の原則，第3項本店配賦経費，第4項所得配分によりPE利得の算定，第5項単純購入非課税の原則，第6項所得計算の継続性，第7項他の規定との関係，という基本7項型です。

(5) 国際運輸業所得（第9条）

国際運輸業所得は，相互免除として居住地国のみで課税されます。また，相手国が地方税である事業税相当の税を対象とする場合，自国の事業税も免除することになります。

(6) 特殊関連企業（第10条）

対応的調整の規定がありません。

(7) 配当所得（第10条），利子所得（第11条），使用料所得（第12条）

各種所得の限度税率は次のとおりです。

	限度税率等
アイルランド法人から日本居住者への配当	アイルランドの付加税免除
一般配当（日本から）	15%
親子間配当（議決権株式の25%以上6か月所有）（日本から）	10%
利子所得	10%
使用料所得	10%

多くの場合，アイルランド国内法により，条約締結国の居住者に対する支払金に対する課税は免除されています。

⑻ 譲渡収益（第14条）

株式等の譲渡収益は居住地国課税です。不動産化体株式，事業譲渡類似の譲渡収益に係る規定はありません。

⑼ 自由職業所得（第15条）

医師，弁護士等の自由職業者の所得は，固定的施設を有する場合にその固定的施設に帰属する所得についてのみ課税されます。

⑽ 給与所得（第16条）

短期滞在者免税は暦年基準で183日ルールです。

⑾ 役員報酬（第17条，交換公文１）

法人の所在地国でも課税ができます。役員報酬のうち，法人の役員の報酬で管理的又は技術的性質の日常の任務の遂行につき当該法人から取得するものについては，これを勤務についての被用者の報酬とみなし，給与所得条項の適用となります。

⑿ 芸能人等（第18条）

芸能法人等のPE課税については，第６条に規定があります。芸能人等の課税は，その活動を行った国において行うことになります。

⒀ 退職年金（第19条）

退職年金及び保険年金は，その受領者の居住地国で課税になります。

⒁ 政府職員（第20条，交換公文２）

政府職員に対する報酬は，原則として派遣国において課税となります。ただし，接受国の国民が受領者の場合は接受国で課税です。

⒂ 学生（第21条）

学生及び事業修習者は，生計，教育又は訓練のための国外から支払われる所得等は滞在地国で免税です。役務提供所得については，年間60万円又はアイル

ランド・ポンドによる相当額を超えないものとなっている。なお，現在，アイルランドは通貨がユーロになっているため，実際はアイルランド・ポンドをユーロと読み替えることになります。

⒃ 教授（第22条）

大学，学校その他の教育機関において教育を行うため一方の締約国を訪れ，2年を超えない期間滞在する教授又は教員で，現に他方の締約国の居住者であり，又は訪れる直前に他方の締約国の居住者であったものは，その滞在地国で免税となります。また，政府又は宗教，慈善，学術，文芸若しくは教育に関する団体から研究を主たる目的とする交付金，手当又は奨励金を受領する者として，2年を超えない期間他方の締約国内に一時的に滞在するものは，その交付金，手当又は奨励金は，滞在地国で免税となります。

⒄ その他所得（第23条）

その他所得は，居住地国課税です。

⒅ 二重課税の排除，みなし外国税額控除（第24条，交換公文）

二重課税の排除は税額控除方式です。みなし外国税額控除の対象となるアイルランドにおける税の減免措置については，交換公文に規定されていますが，アイルランドの税制改正によりこれらの減免措置が廃止されたため，1981年（昭和56年）からみなし外国税額控除の適用はありません。

⒆ 個人居住者の権利（第25条），無差別取扱い（第26条），相互協議（第27条），情報交換（第28条）

第25条は，日本及びアイルランドの個人居住者は，条約相手国において居住者でない国民が受けることがある人的控除，救済及び軽減と同一の人的控除，救済及び軽減を受ける権利を有することが規定されています。

日本と連合王国との租税条約（日英租税条約）

❶ 租税条約の基礎データ

(1) 英国の概要

国　名	英国（グレートブリテン及び北アイルランド連合王国）United Kingdom of Great Britain and Northern Ireland
面　積	24.3万 km^2（日本の約3分の2）
人口（万人）	6,411（2013年）
GDP（億US＄）	24,180（2014年）
主要貿易相手国	ドイツ，米国，オランダ，フランス，中国
為替レート	1ポンド＝181円（2015年5月6日付）

(2) 租税条約の基礎データ

	現行租税条約	原条約等
英　国	第3次条約 （署名）平成18年2月 （発効）平成18年10月 （一部改正署名）平成25年12月 （一部改正発効）平成26年12月	（署名）昭和37年9月 （発効）昭和38年4月 第2次条約 （署名）昭和44年2月 （発効）昭和45年12月
日本・英国租税条約の正式名称	「所得及び譲渡収益に対する租税に関する二重課税の回避及び脱税の防止のための日本国とグレートブリテン及び北アイルランド連合王国との間の条約」	

(3) 租税条約の条文構成

第1条（人的範囲）	第2条（対象税目）	第3条（一般的定義）
第4条（居住者）	第5条（恒久的施設）	第6条（不動産所得）
第7条（事業所得）	第8条（国際運輸業所得）	第9条（特殊関連企業）

第10条（配当所得）	第11条（利子所得）	第12条（使用料所得）
第13条（譲渡収益）	第14条（給与所得）	第15条（役員報酬）
第16条（芸能人等）	第17条（退職年金）	第18条（政府職員）
第19条（学生）	第20条（匿名組合）	第21条（その他所得）
第22条（特典制限）	第23条（二重課税の排除）	第24条（無差別取扱い）
第25条（相互協議）	第26条（情報交換）	第26条A（徴収共助）
第27条（外交官）	第28条（発効）	第29条（終了）
議定書6	交換公文	

(4) 英国の税制

法人税率	21％（2014年4月以降）20％（2015年4月以降）
キャピタルゲイン税	23％
外国法人支店税	23％
源泉徴収	配当0％，利子20％（非居住者），使用料20％（非居住者）
支店送金税	0％
損失の繰戻	1年
損失の繰越	無制限
付加価値税	20％（標準税率）
個人所得税	標準税率20％，最高税率45％
遺産税・贈与税	あり　遺産税税率40％

❷ 租税条約の解説

　日英租税条約を一部改正した平成25年12月署名の改正議定書は，全14条と交換公文の一部改正から構成されています。

(1) 改正議定書の主要なポイント

イ　AOA の採用

OECD は，既存の租税条約に関して，各国で事業所得算定等に関してコンセンサスがなく適用に関する共通の理解がなく，その結果，解釈の不一致及び事業所得条項の適用に差異が生じ二重課税又は課税の空白が生じたことを原因として，2001年ごろから事業所得改正の検討を開始し，その検討の結論が，2010年に OECD モデル租税条約の事業所得条項に AOA（Authorised OECD Approach）（OECD 承認アプローチ）を採用したことです。このアプローチは，非居住者が源泉地国に有する支店等の恒久的施設（PE）の果たす機能に着目して，資産，リスク或いは資本を PE に帰属させ，従来，所得として認識してこなかった本支店間取引（本店の余裕資金の貸付けから生じる内部利子或いは本店の所有する権利に対する内部使用料等）からの所得を認識して，本支店間取引における価格決定を独立企業間価格で行われたものとするものです。わが国も平成26年度税制改正において国際課税に帰属主義を採用しています。

ロ　配当・利子所得の課税減免・課税免除

改正議定書は，利子所得については，日米租税条約と同様に原則免税，コンティンジェント利子（contingent interest）については限度税率10％ですが，親子会社間の配当所得の持株要件を大幅に引き下げ，改正前の50％から改正後は10％としています。第3次租税条約と改正議定書の投資所得に関する限度税率は次のとおりです。

	第3次租税条約（旧条約）	改正議定書（現行租税条約）
特定の親子間配当	源泉地国免税	同左（要件50％⇒10％）
親子間配当	5％	同　上
一般配当	10％	同　左
金融機関等の受取利子	源泉地国免税	同　左
利子所得	10％	免　税
利子所得（コンティンジェント利子）	特に規定がなしで10％	10％
使用料	免　税	同　左

ハ　仲裁制度の導入

わが国の締結している租税条約では、仲裁制度は、対香港租税条約、対オランダ租税条約、対ニュージーランド租税条約、対米国租税条約に既に規定されていることから、目新しさはありませんが、条文の文言は、改正日米租税条約とは異なっています。

ニ　徴収共助の導入

日本が平成23年（2011年）11月に参加署名した税務行政執行共助条約（Convention on Mutual Administrative Assistance in Tax Matters）は、多国間における税務当局の協力に関する多国間条約であり、同条約の目的が、①情報交換、②徴収共助、③文書送達、であることから、日本は、徴収共助に関して、税務執行共助条約の適用をするのか或いは二国間租税条約に規定するのかのいずれかと思われていました。平成24年（2012年）12月に署名された日本・ニュージーランド改正租税条約において、日本の租税条約としては初めての税務当局間の徴収共助（いわゆる国際的徴収システム）が導入され、その後、日米租税条約にもこの規定が設けられ、今回の改正議定書は、日本における4例目の条約ということになります。

ホ　改正議定書により改正された条項の概要

改正議定書により改正された条項とその概要は次のとおりです。

①　第2条（対象税目）では、日本の復興特別所得税と復興特別法人税が加えられました。

②　第7条（事業所得）は、OECDモデル租税条約新7条とほぼ同じ規定になりました。

③　第9条（特殊関連企業）第2項の規定が改正され、第3項の期限が7年から10年に改正されました。

④　第10条（配当所得）第3項の源泉地国免税となる親子間配当の要件が、議決権株式の50％以上から10％以上に改正され、これまでの5％の限度税率適用の規定が削除されました。

⑤　第11条（利子所得）は、改正日米租税条約と類似する規定（同条第2項のcontingent interest）が新しく導入され限度税率10％適用分が残りましたが、原則源泉地国免税となりました。

⑥　第13条（譲渡収益）第3項に規定されていた事業譲渡類似の規定が削除

され，新たに金融機関の破綻処理に関する規定が置かれました。
⑦　第23条（二重課税の排除）では，英国側に係る規定が補充されました。
⑧　第25条（相互協議）の第3項後段，第5項，第6項が新設され，現行議定書の5が改正されました。これらの規定は，仲裁に係る規定です。
⑨　第26条（情報交換）の第1項及び第2項が改正され，第2項の後段に規定が新設されました。
⑩　第26条のAに徴収共助に係る規定が新設されました。

(2)　**改正議定書における事業所得条項（第7条）の改正**

改正された第7条の第1項は，従前とほぼ同様ですが，第2項以下が全文改正となりました。この第7条の規定は，OECDモデル租税条約新7条の規定と若干の文言の相違はありますが，ほぼ同じ内容です。この結果，日本の非居住者規定が平成26年度に改正されることと併せて考えると，次のような適用関係が生じることになります。

①　国内法におけるPE帰属所得が租税条約においても適用されることになるため，これまでの，総合主義のアンチテーゼとしての租税条約における課税範囲決定の帰属主義が改められることになりました。
②　これまで所得として認識してこなかった本支店間の内部利子，内部使用料に関して，国内法はこれらを所得として認識することになりましたが，租税条約がこれらを所得として認識しない場合，租税条約の規定に従うことになりますが，日英租税条約の事業所得条項の改正により，租税条約の適用においても，上記の所得を認識することになります。
③　本支店間取引について，独立企業間価格により行われたものとすることになり，第7条第3項に対応的調整の規定が創設されました。

(3)　**仲裁規定の導入**

第25条第5項に規定された仲裁規定のポイントは次のとおりです。当該事案に関する協議の申立てをした日から2年以内に，両締約国の権限のある当局が当該事案を解決するための合意に達することができない場合，当該者が要請するときは，当該事案の未解決の事項は，仲裁に付託されます。

以上の本則規定の改正に伴い，現行の議定書5が改正されて以下のような仲

裁に関する細則が導入されました。
① 所定の場合を除いて，仲裁の要請から２年以内に仲裁決定が実施されることを確保するため，仲裁手続を合意によって定めます。
② 仲裁のための委員会（以下「委員会」という。）は，国際租税に関する事項について専門知識又は経験を有する３人の仲裁によって構成されます。
③ 各締約国の権限のある当局は，それぞれ１人の仲裁人（自国の国民で可）を任命し，両国の権限のある当局が任命する２人の仲裁人は，委員会の長となる第３の仲裁人を任命します。
④ すべての仲裁人からは，いずれの締約国の税務当局の職員と同条１の規定に従って申し立てられた事案の関与者は除かれます。第３の仲裁人は，いずれの締約国の国民ではなく，これらの締約国内に日常居所したこともなく，いずれの締約国によっても雇用されたこともあってはなりません。
⑤ 両締約国の権限のある当局は，仲裁手続の実施に先立って，すべての仲裁人及びそれらの職員が，各締約国の権限のある当局に対して送付する書面において，情報交換規定（条約第26条）第２項及び両締約国において適用される法令に規定する秘密及び不開示に関する義務と同様の義務に従うことに合意することを確保します。
⑥ 各締約国の権限のある当局は，自らが任命した仲裁人に係る費用及び自国の費用を負担します。委員会の長に係る費用その他の仲裁手続の実施に関する費用については，両締約国の権限のある当局が均等に負担します。
⑦ 両締約国の権限のある当局は，すべての仲裁人及びそれらの職員に対し，仲裁決定のために必要な情報を不当に遅滞することなく提供します。
⑧ 仲裁決定は，先例としての価値を有しません。
⑨ 仲裁決定は，仲裁決定に影響を及ぼしたものとして相当と認められる仲裁手続等の違反がいずれか一方の締約国の裁判所において無効であるとされる場合を除いて確定します。仲裁決定は，その違反によって無効であるとされる場合には，行われなかったものとします。
⑩ 仲裁の要請後，委員会決定を両締約国の権限ある当局及び仲裁を行った者に送達するまでの間に，両締約国の権限のある当局間において合意に達した場合には，仲裁決定は行われません。

(4) 現行租税条約の適用の特則

現行租税条約は、改正議定書により修正されたものですが、この改正議定書は、既に発効しています。しかし、次の2つの項目について特則があります。

① 本改正議定書によって改正される事業所得条項は、両国の政府が別途外交上の公文の交換により合意する日以後に開始する課税年度又は賦課年度の所得について適用されます。改正後の事業所得条項が適用されるまでは、改正前の事業利得条項が引き続き適用されます。したがって、現行租税条約第7条は、日英両国の交換公文による合意を待って適用されることになり、それまでの間は凍結状態でしたが我が国では平成28年4月1日以降に開始する各事業年度の利得について解除されました。

② 相互協議手続、情報交換及び徴収共助に関する規定は、対象となる事案に係る課税年度又は賦課年度にかかわらず、平成26年12月12日から適用されます。ただし、相互協議手続に係る仲裁手続に関しては、平成28年12月12日までは、いかなる事案も仲裁に付託されないこととされています。情報交換及び徴収共助は、改正議定書発効日である平成26年12月12日から適用となりますが、徴収共助だけは、発効後2年間凍結状態となります。

(5) 改正事項を除く現行租税条約

イ 日英原租税条約の適用拡大

昭和38年発効の日英原租税条約第22条には日英租税条約の適用拡大に関する規定があり、交換公文により次の地域にこの日英租税条約が基本的に適用されることになりました（「連合王国が国際関係について責任を負っている若干の地域に対する租税条約の適用に関する書簡の交換の告示」昭和45年10月30日、外務省告示第216号）。

① 英領バージン諸島（昭和50年9月6日、外務省告示第188号）
② フィジー（昭和45年10月30日、外務省告示第217号）
③ モントセラト（昭和45年12月15日、外務省告示第257号）
④ セイシェル（昭和50年10月18日、外務省告示第222号）

この適用拡大という規定は、租税条約締約国が条約本文ではなく交換公文等の手続により合意する場合でも、租税条約の適用が、その締約国の海外に有する地域等に対して適用を拡大することを定めたものです。この日英租税条約で

は，上記昭和45年の外務省告示第216号の附属書Ⅱ(5)において終了について定めた通告の規定があります。

昭和44年改正の第2次日英租税条約が発効後も，日英原租税条約の適用地域拡大の規定は有効でしたが，セイシェルの適用終了（昭和57年12月21日，外務省告示第447号）の告示があり，そして，平成12年6月21日に日本国政府は英国政府に対し，日英原租税条約の適用拡大地域とされていた英領バージン諸島及びモントセラットに対する同条約の適用を終了する旨の通告をしたことにより，平成13年1月1日以後に開始する各課税年度の所得及び各賦課年度の租税について日英原租税条約はその効力を失うことになり，結果として，現行の日英租税条約が適用されたとしても，フィジーに対する日英原租税条約の適用は継続されました。

ロ　適用拡大が問題となる理由

英領バージン諸島は，カリブ海にある英国の自治領ですが，平成4年改正前のわが国のタックスヘイブン対策税制では，全所得軽課税国等に指定されていました。このようにタックスヘイブンとされる国等との間に租税条約が適用になるということは，一般的に，タックスヘイブン国等に法人を設立して，先進諸国に投資を行うことにより先進諸国（条約相手国）における課税負担を減免し，その法人の所在地国であるタックスヘイブン（居住地国）において軽課税であるという二重の特典を享受することになります。

日英租税条約はこのような日本における他の租税条約と多少異なる歴史的な沿革を持つ租税条約でした。

ハ　日英租税条約が改正された理由

第3次日英租税条約が平成18年2月にロンドンにおいて署名されました。その背景となる事項としては次のようなものが想定できます。すなわち，米国と英国の間に第3次米英租税条約が締結されました。この米英租税条約は，平成13年（2001年）7月24日に署名され，平成15年（2003年）3月31日から適用となっています。改正された日米租税条約及び米英租税条約は，いずれも，1996年米国が公表した米国モデル租税条約をベースにしている点では共通しており，米国―日本，米国―英国と租税条約が整備されたことを受けて，残る日本―英国間の租税条約が上記のとおり整備されたことになります。

ニ　第3次日英租税条約の特徴
(イ)　投資所得の限度税率の引下げ
　第3次日英租税条約により投資所得に係る限度税率は，旧条約よりも引き下げられ，さらに，改正議定書により再度引き下げられて現在に至っています。
(ロ)　特典制限条項（第22条）
　現行条約では，投資所得の限度税率を引き下げたことに伴い，日英両国以外の居住者がこの条約を不正に利用することが想定されることから，第三国居住者が，不正に利用することを防止するために，本条約では，特典の制限条項が設けられました。
(ハ)　個別取引を否認する規定
　上記(ロ)の特典制限条項は，租税条約の特典を受けることができる者を制限する規定であり，一般にエンティティー・アプローチ（entity-approach）といわれます。米国は国内法において取引上導管となる中間会社の存在を否認して実質主義に基づいて課税をするという規定（個別否認規定）がありますが，このような規定を有していない英国及び日本は，米英租税条約，日米租税条約において米国国内法に類似する規定を取り込んだという経緯があり，このような取引を否認する規定を租税条約に設けたものと思われます。
(ニ)　匿名組合課税
　日米租税条約では，議定書（同条約議定書13）により定めた事項ですが，本条約では，第20条に次のような規定を置いています。
　「第20条：この条約の他の規定にかかわらず，匿名組合契約その他これに類する契約に関連して匿名組合員が取得する所得，利得又は収益に対しては，当該所得，利得又は収益が生ずる締約国において当該締約国の法令に従って租税を課することができる。」
　すなわち，匿名組合を利用した租税回避に手を焼いた日本の課税当局が，日米間に続いて日英間においてもこのような事態が生じないよう，匿名組合契約に関連して取得される所得又は収益に対して，国内法に従って，源泉課税することとしたのです。
(ホ)　英国インピュテーション制度の廃止
　英国のインピュテーション制度は，1999年4月6日で廃止されました。ドイツは，税制の簡素化を理由として，2001年税制改正においてインピュテーショ

ン制度を廃止しています。ただし，2019年まで経過措置が講じられました。したがって，EU主要国においてインピュテーション制度を採用している国はフランスということになりましたが，現在ではフランスもこの制度を廃止しています。

このインピュテーション制度は，配当に係る法人税と所得税の二重課税を調整するための一方法です。英国は，インピュテーション制度を1973年4月から施行しましたが，この制度は，配当支払法人の法人税の一部を配当に係る所得税の前払いとみて，その前払相当額を配当受領者に帰属（impute）させる方式です。旧条約は，配当条項（旧条約第11条）に英国居住法人から支払配当を日本居住者が受け取る場合の処理について複雑な規定を置いていましたが，上記の理由により本条約ではこの規定が姿を消しています。

　㈅　同等受益者

米国は，1994年1月に発効した北米自由貿易協定（NAFTA）等を背景にして，また，EU加盟国，欧州経済地域（European Economic Area）加盟国は経済のブロック化を背景にして，米国とEU諸国間の租税条約（例えば，2004年3月24日署名の第2次米蘭租税条約議定書：同条約第26条8項f）では，「同等受益者」という概念を新たに規定し，その定義規定を租税条約に新たに盛り込んでいます。この規定によれば，「同等受益者」とは，EU加盟国，欧州経済地域加盟国といういわゆる適格国の居住者であり，かつ，当該租税条約に規定する適格居住者と類似する所得源泉地国と当該者の居住地国間の租税条約において特典を受ける権利を有することです。この要件に係る規定の後段部分は，加盟国を通じて第三国居住者が当該租税条約を不正に利用しないように防止している意味です。そして，この「同等受益者」に該当する場合，所定の要件を満たすときは，この，「同等受益者」は，条約上のすべての特典を受けることができることから，本条約はこの同等受益者の概念を第22条に規定しています。

⑹　**対象税目（第2条）**

対象税目は，日本が，所得税，法人税，復興特別所得税，復興特別法人税，住民税，英国は，所得税，法人税，譲渡収益税です。

(7) 一般的定義（第3条）

地理的意味での「英国」は，グレートブリテン及び北アイルランドをいうと規定されていることから，マン島，ガーンジー，ジャージー等は日英租税条約の適用対象地域になりません。また，ケイマン諸島，英領バージン諸島等の英国の海外領土も対象外です。なお，日本との間に，マン島情報交換協定（2011年9月1日発効），ジャージー租税協定（2013年8月1日発効），ガーンジー租税協定（2013年7月25日発効）が締結されています。なお，英国の課税管轄については第5部資料①を参照して下さい。

(8) 居住者（第4条）

個人の双方居住者はOECD基準により振り分け，法人は協議により振り分けられます。

(9) 恒久的施設（PE）（第5条）

建設工事の12か月超はPEとなります。代理人PEについては，在庫保有代理人及び注文取得代理人の規定はありません。

(10) 事業所得（第7条）

OECDモデル租税条約と同じAOAが採用されました。

(11) 国際運輸業所得（第8条）

国際運輸業所得は，相互免除ということで企業の居住地国でのみ課税です。日本は事業税，英国には事業税類似税目はありませんが，今後課される場合は免税とすることになっています。

(12) 特殊関連企業（第9条）

更正期限が7年から改正議定書により10年に延長されています。

(13) 譲渡収益（第13条）

事業譲渡類似の株式譲渡益は，改正により削除されました。不動産化体株式は源泉地国課税です。その他の株式等は，居住地国課税です。

⒁ 事業譲渡類似と租税条約

　日本と締結している租税条約において事業譲渡類似課税の規定のある租税条約としては，フランス，韓国，シンガポール，デンマーク，オーストリア，メキシコ，ベトナムとの間の租税条約があります。なお，日英租税条約は上述のとおり平成25年12月に改正されてこの規定が削除されています。シンガポールは，日本だけではなく，対中国租税条約においても事業譲渡類似課税の規定を置いています。シンガポールと香港は，旧宗主国であった英国税制の影響を受けて，譲渡収益について課税を行わない点で共通していますが，日本・香港租税条約には事業譲渡類似課税の規定はありません。また，日中租税条約では，株式の譲渡収益は源泉地国課税となっています。

　この課税についての最近の問題は，源泉地国法人の株式を所有する中間法人が設立され，非居住者がこの中間法人の株式を譲渡するという間接譲渡（以下「間接譲渡」という。）の場合，結果として，源泉地国法人の資産も間接的に移転することから当該法人の所在地国の課税はどうなるのかということです。このような状況に対する課税として，事業譲渡類似課税の国内法及び租税条約の適用関係であれば，ある程度結果を予測することはできるのですが，一般否認規定（General Anti-Avoidance Rules）を規定する国が増加したことで，間接譲渡に関する法令の適用が複雑になっています。

⒂ 給与所得（第14条）

　短期滞在者免税は，OECDモデル租税条約と同様で，いずれかの連続する12か月における183日以内の滞在等の場合，免税となります。

⒃ 役員報酬（第15条）

　役員報酬は，法人所在地国でも課税できます。

⒄ 芸能人等（第16条）

　芸能人等の所得は，活動した国で課税になります。

⒅ 退職年金（第17条）

　退職年金及びこれに類する報酬は，その受領者の居住地国で課税です。

⑲　政府職員（第18条）

　政府職員への報酬は，接受国の国民等の場合を除き，派遣国でのみ課税です。

⑳　学生（第19条）

　学生及び事業修習者が，生計，教育又は訓練のための国外から支払を受ける給付は滞在地国で免税です。事業修習者の免税期間は1年です。

㉑　匿名組合（第20条）

　日本が，匿名組合契約に関連して取得される所得又は収益に対して，国内法に従って，源泉課税することを規定したものです。

㉒　その他所得（第21条）

　その他所得は原則として居住地国課税です。

㉓　特典制限（第22条）

　わが国の租税条約では，日米租税条約が最初にこの規定を置き，本条約も日米租税条約の特典制限条項を踏襲しましたが，若干，その規定は異なっています。日米租税条約では，条約に規定するすべての特典を対象としていますが，本条約は，事業所得（第7条），源泉地国免税となる配当所得（第10条第3項），源泉地国免税となる利子所得（第11条第3項），使用料所得（第12条），譲渡収益（第13条），その他所得（第14条）の特典に限定しています。

㉔　二重課税の排除（第23条）

　二重課税の排除は，税額控除方式です。

㉕　相互協議（第25条）

　改正議定書により仲裁規定が創設されましたが，その適用が平成28年12月12日まで凍結されています。なお，相互協議申立ての期限がこの条約の規定に適合しない課税に係る措置の場合は3年，租税の賦課に係る課税年度若しくは賦課年度の終了の日から6年のいずれか遅い日と規定されています。

⑯ 情報交換(第26条)

情報交換の対象は,条約の対象税目及びすべての国税です。

⑰ 徴収共助(第26条 A)

この内容は前述のとおりです。

⑱ 議定書・交換公文(改正議定書により一部改正)

議定書に規定されている事項は,①年金基金,②組合,③ストックオプション,④同等受益者,⑤徴収共助,⑥英国の二重課税排除です。交換公文に規定されている事項は,①年金基金,②親子間配当の基準日,③投資基金,④ ALP 超過所得,⑤学生等に対する第三国居住者からの給付,⑥この書簡において引用する各締約国の法令の規定には,その一般原則を変更することなく随時行われる改正の後のものを含むことが了解されました。

日本・イタリア租税条約

① 租税条約の基礎データ

(1) イタリアの概要

国　名	イタリア共和国　Italian Republic
面　積	30.1万 km^2（日本の約5分の4）
人口（万人）	6,080（2014年1月）
GDP（億US＄）	21,480（2014年）
主要貿易相手国	輸出：ドイツ，フランス，米国，スイス，英国 輸入：ドイツ，フランス，中国，オランダ，ロシア
日本との貿易品目	対イタリア輸出：一般機器25％，自動車・二輪車等22％，化学品16％，電子機器11％ 対イタリア輸入：医薬品23％，衣類10％，バッグ10％，一般機器10％
通　貨	ユーロ

(2) 租税条約の基礎データ

	現行租税条約	原条約等
イタリア	（署名）昭和44年3月 （発効）昭和48年3月 （一部改正署名）昭和55年2月 （一部改正発効）昭和57年1月	同　左
日本・イタリア租税条約の正式名称	「所得に対する租税に関する二重課税の回避及び脱税の防止のための日本国とイタリア共和国との間の条約」	

(3) 租税条約の条文構成

第1条（適用対象者）	第2条（対象税目）	第3条（一般的定義）
第4条（居住者）	第5条（恒久的施設）	第6条（不動産所得）
第7条（事業所得）	第8条（国際運輸業所得）	第9条（特殊関連企業）
第10条（配当所得）	第11条（利子所得）	第12条（使用料所得）
第13条（譲渡収益）	第14条（自由職業所得）	第15条（給与所得）
第16条（役員報酬）	第17条（芸能人等）	第18条（退職年金）
第19条（政府職員）	第20条（教授）	第21条（学生）
第22条（その他所得）	第23条（二重課税の排除）	第24条（無差別取扱い）
第25条（相互協議）	第26条（情報交換）	第27条（外交官）
第28条（発効）	第29条（終了）	議定書
交換公文	昭和57年発効改正議定書	

(4) イタリアの税制

法人税（IRES）	27.5％（2013年4月以降）
外国法人支店税	27.5％
源泉徴収	配当0％，1.375％，20％，利子0％，12.5％，20％，使用料0％，22.5％，30％（非居住者）
支店送金税	0％
損失の繰戻	なし
損失の繰越	無制限（欠損金の相殺上限額は課税所得の80％）
地方所得税（IRAP）	業種により税率各種であるが，主要な税率3.5％
付加価値税	22％（標準税率）
個人所得税	最高税率43％
遺産税・贈与税	税率4～8％

　イタリアは2011年からみなし利子控除（ACE）を導入しています。この制度は，イタリア法人（外国法人のイタリア支店を含む。）に対して，資本金を他人資本とした場合の名目利子の控除を認めるもので，ベルギー，オーストリア等

に類似した制度があります。

❷ 租税条約の解説

(1) 対象税目（第2条，改正議定書）

日本は，所得税，法人税，住民税，イタリアは個人と法人の所得税，地方所得税です。この条項は，昭和55年署名の改正議定書により改正されています。改正前のイタリアの対象税目は，土地所得税，建物所得税，動産所得税，農業所得税です。

(2) 居住者（第4条）

個人及び法人が双方居住者である場合，居住者は，両締約国の合意により決定されます。

(3) 恒久的施設（PE）（第5条）

建設PEは存続期間が12か月です。代理人PEについては，従属代理人のみが規定され，在庫保有代理人及び注文取得代理人の規定はありません。本条約の適用ではありませんが，イタリア最高裁が2002年（平成14年）3月7日等において，米国のたばこ会社であるフィリップモリス社（Philip Morris）のイタリア子会社を代理人PEとする判決を出したことで有名です。

(4) 事業所得（第7条）

本条の各項は，第1項帰属主義，第2項独立企業の原則，第3項本店配賦経費，第4項所得配分によりPE利得の算定，第5項単純購入非課税の原則，第6項所得計算の継続性，第7項他の規定との関係，の基本7項型です。

(5) 国際運輸業所得（第8条）

国際運輸業所得は，相互免税で居住地国課税です。地方税については，日本が事業税，イタリアが所得に対するすべての地方税を免除します。

(6) 特殊関連企業（第9条）

更正期限及び対応的調整に係る規定はありません。

(7) 配当所得（第10条），利子所得（第11条），使用料所得（第12条，交換公文）

	限度税率
親子間配当（議決権株式の25％以上を6か月所有）	10％
一般配当	15％
利子所得	10％
使用料所得	10％

(8) 使用料の事例と交換公文

　国税庁の質疑応答にある事例として，コンテナの使用料の課税があります。本条約第12条の使用料所得条項第3項に「産業上，商業上若しくは学術上の設備の使用若しくは使用の権利の対価」という規定があり，コンテナの使用料は使用料所得に該当することから，限度税率10％の適用になります。なお，この規定は，OECDモデル租税条約の使用料条項から削除されたため，最近の条約例ではこの規定は見当たりません。

　また，交換公文では，日本がOECD加盟国との条約において，使用料に対する源泉課税を本条約に規定する税率よりも低い税率に制限している場合，両国政府は使用料所得に係る源泉徴収税率の改正を行うために協議することが定められています。

(9) 譲渡収益（第13条）

　譲渡収益は原則として居住地国課税です。本条約には，事業譲渡類似及び不動産化体株式に係る規定はありません。

(10) 自由職業所得（第14条）

　医師，弁護士等の自由職業者の所得は，活動している国に事務所等の固定的施設がある場合，その固定的施設に帰せられる部分のみ固定的施設の所在地国

で課税となります。

(11) 給与所得（第15条）
短期滞在者免税の183日ルールは，暦年基準です。

(12) 役員報酬（第16条）
役員報酬は，法人の居住地国で課税できます。

(13) 芸能人等（第17条）
芸能人等の所得は，その活動した国で課税になります。また，芸能人等が直接，間接に芸能法人等を支配する場合，その法人が取得する所得についても，活動した国において課税になります。

(14) 第17条に該当しない外国芸能法人の場合の課税
上記(13)で述べたように，芸能人等が直接，間接に芸能法人等を支配していない場合，租税特別措置法第42条に（免税芸能法人等が支払う芸能人等の役務提供報酬等に係る源泉徴収の特例）という規定があります。例えば，イタリア居住者である芸能人等が，日本に恒久的施設を有していないか，或いは，芸能人等が直接，間接に芸能法人等を支配していない場合に該当すると，上記の免税芸能法人等ということになります。この措置法の規定の適用を受けますと，日本の興行主から，外国免税芸能法人等に支払われる芸能人等の報酬について源泉徴収されます（届出書を提出することで15％です。）。そして，次に，外国免税芸能法人等が芸能人等に報酬を支払う際に，日本の所得の源泉徴収を行い，その税額を納付します。結果として，外国免税芸能法人等が既に源泉徴収された15％の税額が還付されることになります。

(15) 退職年金（第18条）
退職年金等は，その受領者の居住地国で課税となります。

(16) 政府職員（第19条）
政府職員に対する報酬は，原則として派遣国で課税となります。その受領者

が接受国の国民である場合，その国民に対する報酬は接受国で課税となります。

⑰　教授（第20条）

　大学，学校その他の教育機関において教育又は研究を行うため一方の締約国を訪れ，2年を超えない期間一時的に滞在する教授又は教員は，滞在地国で免税となります。この場合，免税・課税に係る期間の解釈には，2つあります。1つは，給与所得の短期滞在者免税の183日ルールのように，183日を超えた場合，その超過した日数に係る給与所得が課税対象となるのではなく，183日を超えると，短期滞在者免税の要件を満たさないことになりますので，源泉地国滞在日数に対応する給与所得がすべて課税となります。それに対して，教授条項の規定にある2年という期間について，仮に，教授が2年を超えた滞在となった場合，当初の2年間は免税となり，それを超過する部分のみが課税となります。なお，この2年間については，国税庁の質疑応答集で，結果として2年を超える滞在となった場合には，滞在が2年を超えることが判明した日（契約を延長した日等）までの期間に係る報酬について同条項の適用があるとされています。

⑱　学生（第21条）

　滞在する学生，事業修習者が，生計，教育又は訓練を受けるため，滞在国外から支払われるものは，滞在地国で免税となります。この規定には，その免税の期間，滞在地国における役務提供による受け取る報酬等に係る規定はありません。

⑲　その他所得（第22条）

　その他所得は，居住地国課税です。

⑳　二重課税の排除（第23条，改正議定書）

　本条第2項は，イタリアにおける外国税額控除に係る規定ですが，昭和57年発効の議定書により改正されています。この改正は，対象税目が改正議定書により改正されたことと同様に，イタリア税制が大きく改正されたことに基因したものです。

⑴ 相互協議（第25条）

相互協議の申立て期限等に係る規定はありません。

⑵ 情報交換（第26条）

現在，日本が締結している金融機関情報の交換を含む条約と比較して，本条約はそれ以前の古い形態です。

⒇ 日伊租税条約の問題点

イタリアは，EU加盟国です。日本は，最近になって締結している対EU加盟国との租税条約では，同等受益者という概念を規定しています。

米国は，1994年1月に発効した北米自由貿易協定（NAFTA）等を背景にして，また，EU加盟国，欧州経済地域（European Economic Area）加盟国は経済のブロック化を背景にして，米国とEU諸国間の租税条約（例えば，2004年3月24日署名の第2次米蘭租税条約議定書：同条約第26条8項f）では，「同等受益者」という概念を新たに規定し，その定義規定を租税条約に新たに盛り込んでいます。この規定によれば，「同等受益者」とは，EU加盟国，欧州経済地域加盟国といういわゆる適格国の居住者であり，かつ，当該租税条約に規定する適格居住者と類似する所得源泉地国と当該者の居住地国間の租税条約において特典を受ける権利を有する場合に該当する概念です。

この要件に係る規定の後段部分は，加盟国を通じて第三国居住者が当該租税条約を不正に利用しないように防止している意味です。そして，この「同等受益者」に該当する場合，所定の要件を満たすときは，この，「同等受益者」は，条約上のすべての特典を受けることができることになりますが，本条約は，その締結が古いことから同等受益者の概念を規定していません。

また，イタリア側としては，使用料所得の限度税率の引下げ等を希望しているものと思われますが，日伊間に差し迫った事態が感じられないことから，これらの懸案事項について，解決の道筋はみえていません。

日本・オーストリア租税条約

❶ 租税条約の基礎データ

(1) オーストリアの概要

国　名	オーストリア共和国　Republic of Austria
面　積	8.4万 km² (北海道とほぼ同じ)
人口（万人）	850
言　語	ドイツ語
政　体	連邦共和制（9つの州から構成）
GDP（億EUR）	3,131
主要産業	機械，金属加工，観光
為替レート	1ユーロ＝134円（2015年5月）

(2) 租税条約の基礎データ

	現行租税条約	原条約等
オーストリア	（署名）昭和36年12月 （発効）昭和38年4月	同　左
日本・オーストリア租税条約の正式名称	「所得に対する租税に関する二重課税のための日本国とオーストリア共和国との間の条約」	

(3) 租税条約の条文構成

第1条（対象税目）	第2条（一般的定義）	第3条（居住者）
第4条（恒久的施設）	第5条（条約に明定なき用語）	第6条（事業所得）
第7条（特殊関連企業）	第8条（国際運輸業所得）	第9条（配当所得）
第10条（利子所得）	第11条（使用料所得）	第12条（政府職員）

第13条（自由職業所得・給与所得・芸能人）	第14条（教授）	第15条（学生）
第16条（退職年金）	第17条（不動産所得）	第18条（譲渡収益）
第19条（二重課税の排除）	第20条（情報交換）	第21条（相互協議）
第22条（プリザベーション・クローズ）	第23条（無差別取扱い）	第24条（発効）
第25条（終了）		

(4) オーストリアの税制

法人税率	25%
外国法人支店税	25%
源泉徴収	配当25%，利子0%，25%，使用料20%（非居住者），支払先がEU域内の非居住者で，国籍等を明らかにしない場合，EU源泉徴収税の国内適用により35%源泉徴収が行われます。
利子・使用料の損金算入の制限	2014年3月1日より，利子及び使用料の受領者（関連者）が軽課税国等に所在する場合，オーストリアからの支払利子及び使用料について損金不算入となりました。その要件とは，オーストリア法人からの支払利子又は使用料が損金不算入となるのは，受領者の所在国における名目法人税率が10%に満たない場合，また，その受領者の所在国での利子又は使用料から生じる所得に課される実効税率が10%を下回る場合です。
損失の繰戻	なし
損失の繰越	無制限
付加価値税	20%（標準税率）
個人所得税	課税所得が6万ユーロを超えると最高税率適用
遺産税・贈与税	なし（2008年8月1日以後廃止）

❷ 租税条約の解説

(1) 対オーストリア租税条約の特徴

日本がOECDに加盟したのが昭和39年ですので，本条約はそれ以前に締結され，その後，改正されないまま約50年が経過して現在に至っているということで，条文構成等が今とは異なっています。

(2) 対象税目（第1条）

日本は，所得税と法人税ですが，オーストリアは，所得税，法人税，住宅建設促進及び家族負担調整のための所得からの分担金が対象税目になっていて，所得税，法人税以外の税目は，現在，廃止されています。また，オーストリアは，法人に対して，法人税以外に事業税の類の税制はありません。

(3) 居住者（第3条）

法人について，「日本の法人」は，日本国内に本店又は主たる事務所を有する法人又は法人格を有しない団体で，オーストリアに本拠を有しないか又はオーストリアにおいてその事業が全面的に管理支配されていないものをいうと定義されています。「オーストリアの法人」は，オーストリアに本拠を有し又はオーストリアにおいてその事業が全面的に管理支配されている法人又は租税上法人として取り扱われる団体で，日本国内に本店又は主たる事務所を有しないものと定義されています。

この条では，双方居住者の振分け規定はなく，また，条約に明定されていない用語については，現行の条約例では，「一方の締約国によるこの条約の適用上，この条約において定義されていない用語は，文脈により別に解釈すべき場合を除くほか，この条約の適用を受ける租税に関する当該一方の締約国の法令における当該用語の意義を有するものとする。」という規定が置かれて，条約に明定されていない用語については，課税する国の法令によることが明記されていますが，本条約にはこの規定は第5条に独立して規定されています。

(4) 恒久的施設（PE）（第4条）

本条第1項は，PEの定義，第2項は例示です。第2項には，建設工事等が

12か月を超えた期間行われるとPEになることが規定されています。第3項は準備的補助的活動に関する規定です。第4項は従属代理人に係る規定で，第5項が独立代理人に係る規定です。代理人PEについては，在庫保有代理人或いは注文取得代理人に関する規定はありません。

(5) **事業所得（第6条）**

本条の各項は，第1項帰属主義，第2項独立企業の原則及び本店配賦経費，第3項単純購入非課税の原則，第4項投資所得の取扱い，第5項事業所得の配分に係る両締約国の取決めです。

(6) **特殊関連企業（第7条）**

本条に対応的調整の規定はありません。

(7) **国際運輸業所得（第8条）**

国際運輸業所得は，相互免税で居住地国課税です。また，日本の事業税，オーストリアの営業税の課税は免除されます。

(8) **配当所得（第9条），利子所得（第10条），使用料所得（第11条）の限度税率**

投資所得の限度税率は次のとおりです。

	限度税率
親子間配当（50％の株式を12か月保有）	10％
一般配当	20％
利子所得	10％
使用料所得	10％

(9) **配当所得（第9条）**

第9条第1項の後段に，限度税率を超えて課された源泉徴収税額については還付できることが規定されています。また，第2項は追いかけ課税の禁止を規定しています。第3項では，PEに帰属する配当は，事業所得課税とみなされ

ることが規定されています。第4項では，日本の法人税率で，配当に係る軽減税率と留保所得に係る税率が10%を超える場合，配当に係る限度税率について両締約で協議することが規定されていますが，法人税率の2段階税率は既に廃止されていますので，この規定の適用の背景がなくなったといえます。

⑽ 利子所得（第10条）

第1項の後段に，配当所得と同様に，限度税率を超えて課された源泉徴収税額については還付できることが規定されています。第3項では，PEに帰属する利子は，事業所得課税とみなされることが規定されています。

⑾ 使用料所得（第11条）

使用料所得は，産業上，商業上若しくは学術上の設備の使用に関する賃貸料及びこれに類する収入を含みますが，鉱山若しくは採石場の運用又はその他の天然資源の利用に関して支払われる使用料その他の料金を含みません。

また，著作権，特許権，意匠権，秘密工程及び秘密方式，商標権又は産業上の考案並びに映画フィルム（テレビジョンに使用されるフィルムを含む。）の譲渡から生ずる収益についても10%の限度税率の適用となります。

⑿ 政府職員（第12条）

政府職員への報酬は，原則として，派遣国で課税となります。

⒀ 自由職業所得・給与所得・芸能人（第13条）

本条は，自由職業所得・給与所得・芸能人の所得という役務提供に係る規定です。第1項は，医師，弁護士等の自由職業所得者の課税です。この場合の課税要件は，源泉地国に事務所等の固定的施設の存在が課税要件となり，その固定的施設に帰属する所得が課税になります。

第2項は，給与所得の所得源泉に係る規定です。給与所得は，役務提供地に所得源泉があり，その所得源泉地で課税となります。

第3項は，短期滞在者免税の規定で，183日ルールは，暦年基準です。

第4項は，芸能人等の所得に係る規定です。その課税は，活動した国で課税となりますが，芸能法人等に係る規定はありません。国際運輸業に従事する個

人は，国際運輸業を営む企業の所在地国で課税です。

⒁ 教授（第14条）

教授又は教員が，大学又はこれに類する高等教育機関において教育を行うため他方の締約国を訪れ，2年を超えない期間他方の締約国に滞在する場合，その滞在地国で免税となります。

⒂ 学生（第15条）

滞在する学生，事業修習者が，生計，教育又は訓練を受けるため支払われるものは，滞在地国で免税となります。学生又は事業修習者がいずれかの課税年度において，6か月を超えない実地訓練のために滞在地国で行う勤務からの所得も免税となります。

⒃ 退職年金（第16条）

退職年金は，受領する者の居住地国で課税です。過去に役務を提供した国では課税されません。ただし，政府職員に対する退職年金は派遣国で課税となります。

⒄ 不動産所得（第17条）

鉱山若しくは採石場の運用又はその他の天然資源の利用に関して支払われる使用料その他の料金は，不動産所得です。また，不動産の売却又は交換により生ずる収益も不動産所得に分類されています。なお，船舶，航空機は不動産とみなされません。

⒅ 譲渡収益（第18条）

使用料の譲渡所得，不動産の譲渡収益を除いて，株式等の譲渡収益は居住地国課税です。本条は，この原則の例外となるものを以下のように規定しています。

　イ　PE 等の譲渡

PE 又は固定的施設の譲渡，PE 又は固定的施設に属する資本的資産（船舶又は航空機を除く。）の譲渡収益は，PE 又は固定的施設の所在地国で課税です。

その譲渡収益は、PE又は固定的施設に帰属するものとみなされます。
　ロ　事業譲渡類似
　株式の譲渡は、本条第1項では居住地国課税ですが、事業譲渡類似に該当する株式の譲渡は源泉地国課税になります。事業譲渡類似の要件は次のとおりです。
　① 　株式の譲渡者がその法人の株式資本の総額の25％以上を保有し又は所有していること
　② 　課税年度中に譲渡された株式の総額が、株式資本の総額の5％以上であること
　ハ　滞在中の動産の譲渡収益
　一方の締約国の居住者が源泉地国に滞在中に動産を譲渡して取得した収益はその滞在地国で課税になります。

(19)　二重課税の排除（第19条）

　この条約が締結された昭和36年当時、日本の外国税額控除における控除限度額は、国別控除限度額方式でした。したがって、本条第1項は国別控除限度額を規定しています。

(20)　情報交換（第20条）

　本条約は、その正式名称に、「脱税の防止のための」という文言が入っていません。情報交換を規定した本条には、「脱税に対処するため」という文言が規定されています。情報交換の規定自体が、現在の租税条約例から古い形で、金融情報等の交換に係る規定がありません。オーストリアは、スイスとリヒテンシュタインという金融立国の国と隣接しています。わが国は、他の条文はともかく、情報交換だけでも改正することをも視野に入れるべきものと思われます。なお、オーストリアは、税務執行共助条約が、2014年（平成26年）12月1日に発効していますので、この多国間条約を活用する余地はあることになります。

日本・オランダ租税条約

❶ 租税条約の基礎データ

(1) オランダの概要

国　名	オランダ王国　Kingdom of the Netherlands
面　積	4万1,864 km² (九州とほぼ同じ)
人口 (万人)	1,697 (2015年)
言　語	オランダ語
GDP (億US＄)	8,660 (2014年)
主要貿易相手国	輸出：ドイツ，ベルギー，英国，フランス，イタリア 輸入：ドイツ，ベルギー，中国，英国，米国
進出企業 (2012年：東洋経済新報社 (海外総覧，外資系企業総覧))	オランダに進出している日系法人数は409社 (2011年10月) 日本に進出しているオランダ系法人数は84社 (2011年3月)
直接投資残高 (ストック) (2013年末：日本銀行国際収支統計)	日本→オランダ：101,631億円：日本の対外直接投資に占めるオランダの割合8.6％ (EU諸国で第1位) オランダ→日本：29,150億円：対日直接投資に占めるオランダの割合16.2％ (EU諸国で第1位)
為替レート	1ユーロ＝134円 (2015年5月)

(2) 租税条約の基礎データ

	現行租税条約	原条約等
オランダ	第2次条約 (署名) 平成22年8月 (発効) 平成23年12月	(署名) 昭和45年3月 (発効) 昭和45年10月 (一部改正署名) 平成4年3月 (一部改正発効) 平成4年12月
日本・オランダ租税条約の正式名称	「所得に対する租税に関する二重課税の回避及び脱税の防止のための日本国とオランダ王国との間の条約」	

(3) 租税条約の条文構成

第1条（対象となる者）	第2条（対象となる租税）	第3条（一般的定義）
第4条（居住者）	第5条（恒久的施設）	第6条（不動産所得）
第7条（事業利得）	第8条（海上運送及び航空運送）	第9条（関連企業）
第10条（配当）	第11条（利子）	第12条（使用料）
第13条（譲渡収益）	第14条（給与所得）	第15条（役員報酬）
第16条（芸能人及び運動家）	第17条（退職年金及び保険年金）	第18条（政府職員）
第19条（学生）	第20条（その他所得）	第21条（特典の制限）
第22条（二重課税の排除）	第23条（無差別待遇）	第24条（相互協議手続）
第25条（情報の交換）	第26条（租税の徴収の共助）	第27条（外交使節団及び領事機関の構成員）
第28条（適用地域）	第29条（見出し）	第30条（効力発生）
第31条（終了）	議定書12	交換公文（平成22年）5，交換公文（平成24年）1

(4) オランダの税制

法人税率	25%
外国法人支店税	25%
源泉徴収	配当0％，15％，利子0％，使用料0％
損失の繰戻	1年
損失の繰越	9年
付加価値税	21％（標準税率）
個人所得税	最高税率52％
遺産税・贈与税	あり（10～40％）

イ　配当税

居住法人が，他の居住法人又は非居住法人に対し配当を支払う場合には，その支払額について15％（2007年1月以降：旧税率は25％）の税率で源泉徴収課

税が行われます。他の EU 加盟国の適格事業体に対する配当は源泉徴収の対象になりません。また，資本参加免税の規定の条件を充足する場合には，受取配当に対する課税は免除されます。この税目は，本条約の対象税目です。

　ロ　二重課税の排除

　原則としてオランダ法人は，その稼得するすべての所得がオランダの法人税の課税の対象とされますが，外国に所在する恒久的施設において生ずる所得，外国に所在する不動産から生ずる所得等に対応する部分の税額は免税です。国外源泉所得でオランダにおいて課税の対象とされるものが外国で課税される場合には，オランダの国内法及びオランダが締結した租税条約の規定によって外国税額控除により二重課税の調整が行われます。なお，オランダは，国別控除限度額方式を採用しています。

　ハ　資本参加免税

　一定の要件を満たす場合，オランダで設立された法人は，その適格な資本参加に関連して生じる所得，すなわち，配当等（隠れた利益処分を含む。）及びその株式の処分に伴うキャピタルゲインについては課税されません。資本参加免税は，資本参加先の法人が受動的投資要件（総資産の50％以上が受動的性格の資産）に該当せず，かつ，その法人の実効税率が10％以上であれば，その法人の５％以上を保有することで適用となります。

❷　租税条約の解説

(1)　日蘭租税条約の特徴

　日本の締結している租税条約の類型によれば，本条約は，日米租税条約型（日英，日仏租税条約等）に属するものです。本条約の特徴の１つは，第24条の相互協議手続にわが国の租税条約としては初めて仲裁に関する規定を設けたことです。そして，投資所得に関する限度税率が大幅に減免されたことです。さらに，米国企業がオランダ法人を使ってわが国の匿名組合を利用した租税回避事例があったことから，本条約改正の契機となったものと思われますが，匿名組合からの分配金に関する課税については，議定書第９条において日本における課税が明記されています。

(2) 適用地域（第3条第1項(b)）

オランダのカリブ海等の海外領土であるアルバ，アンチルはタックスヘイブンです。本条約に規定する適用地域では，オランダはヨーロッパに位置する部分となっています。

(3) 課税上の取扱いが異なる事業体の課税関係（第4条第5項）

日米租税条約第4条第6項がわが国の締結した租税条約における初めてのハイブリッド事業体に関する規定ですが，本条約は日米租税条約と同様の規定になっています。

(4) 配当（第10条），利子（第11条），使用料（第12条）

本条約は，旧条約と比較して投資所得に係る限度税率を引き下げています。

	限度税率
特定親子間配当（期間6か月，50％以上）	免　税
親子間配当（期間6か月，10％以上）	5％
一般配当	10％
利　子	免税（金融機関等），10％（その他）
使用料	免　税

(5) 配当及び譲渡収益における出国税に係る規定（第10条第10項，第13条第7項）

オランダ法人を実質支配するオランダ居住者が国外に移住する場合，その出国時点において株式の含み益を課税するという制度がオランダ国内法にあります。その含み益が配当又は譲渡収益として実現するまで課税が繰延べになりますので，配当条項と譲渡収益条項の双方にこの規定があります。出国する側の国の課税ということです。

①当該配当の支払を受ける当該個人が，当該配当が支払われる年に先立つ10年の間のいずれかの時点又はそのすべての期間において当該一方の締約国の居住者であり，かつ，②当該個人（当該個人の配偶者並びに当該個人及び当該配偶者の直系の血族又は姻族である者を含む。）が当該法人の特定の種類の株式

の5％以上を直接又は間接に所有している場合。

(6) 利子所得の所得源泉（第11条第6項）

日米租税条約の利子所得条項以降，改正日英租税条約等では，金融機関等の利子所得についての源泉地国免税が規定されていますが，本条約も同様の規定振りです。また，利子所得の所得源泉ルールについては，日米租税条約同様に，第三国に所在するPEがその利子を負担するときは当該第三国に所得源泉地があるとする規定を設けています。

(7) 譲渡収益（第13条）

第2項に不動産化体株式の規定があります。第3項は国から支援を受けた破綻金融機関の株式の譲渡に係る規定です。

(8) オランダ居住法人の役員（第15条，議定書第7条）

議定書第7条には，オランダ居住法人の「法人の役員」には，「取締役（bestuurder）」及び「監査役（commissaris）」を含み，「取締役（bestuurder）」及び「監査役（commissaris）」とは，それぞれ法人の経営全般に従事する者及びこれらの者を監督する者をいう，と規定されています。

(9) 匿名組合（議定書第9条）

条約のいかなる規定も，日本が，匿名組合契約又はこれに類する契約に基づいて取得される所得及び収益に対して，日本の法令に従って源泉課税することを妨げるものではない，と規定されました。日米租税条約以降の日本の締結する租税条約の多くには，匿名組合に関する日本の課税権を保障する規定が設けられています。

(10) その他所得（第20条）

その他所得は原則として居住地国課税です。

(11) 特典の制限（第21条）

特典制限に関する本条約の特徴となる点を列挙すると次のとおりです。

① 制限対象となる特典は，配当（第10条第3項），利子（第11条第3項），使用料（第12条），譲渡収益（第13条），その他所得（第20条）の条約免税となるものを限定しています。
② 上場法人の場合の要件としての通常の取引に係る「主たる種類の株式に係る発行済株式の総数の平均の6％以上」（本条約議定書第10条）は日米租税条約と同様の規定です。
③ 所有権テストとして，個人以外の者について規定がありますが，日米租税条約にある課税ベース侵食テストの規定はありません。
④ 日英租税条約等と同様に同等受益者に係る規定があります（第3項）。同等受益者は，EU加盟国等の適格国の居住者で，本条約の適格者と類似して特典を受ける権利を有するのです。なお，同等受益者に関する定義は，同条第8項(d)に定義されている。
⑤ 第6項には，統括会社（Headquarters Companies）に係る規定があります。この規定と類似する規定は米蘭租税条約第26条（特典制限条項）第5項です。多国籍企業集団の統括会社については，同条第6項(b)に要件が規定されています。要するに，統括会社に該当する場合とは，実際に投資を行いそれを管理しているという活動を行っていることが要件となっているのです。

⑿ 二重課税の排除（第22条）

上記1⑷ロにおいて説明したとおり，オランダは，オランダ居住者の外国PEの所得等を免税とする国外所得免除方式を採用しています（本条第3項及び第4項）。この場合は，課税免除所得を課税標準に含めて税率を算定した上で，課税免除所得を軽減することを規定しています。また，第7項には，所得源泉地のみなし規定があり，条約の規定に従って課税を受けた所得は，その国に所得源泉があるものとみなされます。

⒀ 相互協議手続における仲裁規定（本条約第24条第5項，議定書第12条）

仲裁の概要

本条約の規定に適合しない課税を受けたと認める者又は受けることになると

認める者は，その適合しない課税に係る措置の最初の通知の日から3年以内に相互協議を申立てすることができますが，権限のある当局は，その申立てを正当と認めるが自国において解決できないときは，他方の締約国の権限のある当局との合意によって当該事案を解決するよう努めることになります。この相互協議手続の欠点は，双方の締約国における協議により両国の見解が対立したままの場合，申立てをした納税義務者が必ず救済されるということにはなりません。

　本条約は，日本の租税条約例としては初めて仲裁規定を設けたのです。すなわち，当該事案に関する協議の申立てをした日から2年以内に，両締約国の権限のある当局が当該事案を解決するために合意に達することができない場合，当該者の要請により当該事案の未解決の事項は，仲裁に付託されることになります。ただし，当該未解決の事項についていずれかの締約国の裁判所又は行政審判所が既に決定を行った場合には，当該未解決の事項は仲裁に付託されません。

⑭　金融機関等の情報交換（本条約第25条第3項及び第5項，議定書第13条）

　本条約第25条第5項において，銀行その他の金融機関，名義人，代理人若しくは受託者が有する情報又はある者の所有に関する情報の交換ができることが規定されています。ただし，本条約第25条3及び5の規定に関し，一方の締約国は，弁護士その他の法律事務代理人がその職務に関してその依頼者との間で行う通信に関する情報であって，当該一方の締約国の法令に基づいて保護されるものについては，その提供を拒否することができます。

日本・ガーンジー情報交換協定，日本・ジャージー情報交換協定

❶ 租税協定の基礎データ

(1) ガーンジーの概要

地域名	ガーンジー　Guernsey：英国王室領
人口（万人）	6.2（2012年）
面　積	78 km²
EU	非加盟

(2) ジャージーの概要

地域名	ジャージー　Jersey：英国王室領
人口（万人）	9.9

(3) 租税協定の基礎データ（ガーンジー）

	現行租税協定	原条約等
ガーンジー	（署名）平成23年12月 （発効）平成25年8月	同　左
日本・ガーンジー協定の正式名称	「租税に関する情報の交換及び個人の所得に対する租税に関する二重課税回避のための日本国政府とガーンジー政府との間の協定」	

(4) 租税協定の基礎データ（ジャージー）

	現行租税協定	原条約等
ジャージー	（署名）平成23年12月 （発効）平成25年8月	同　左

日本・ジャージー協定の正式名称	「脱税の防止のための情報の交換及び個人の所得に対する租税に関する二重課税回避のための日本国政府とジャージー政府との間の協定」

(5) 日本・ガーンジー租税協定（G協定）の条文構成

第1条（一般的定義）	第2条（目的及び適用範囲）
第3条（管轄）	第4条（対象となる租税）
第5条（要請に基づく情報の交換）	第6条（海外における租税に関する調査）
第7条（要請を拒否することができる場合）	第8条（秘密）
第9条（費用）	第10条（対象となる者）
第11条（対象となる租税）	第12条（居住者）
第13条（政府職員）	第14条（学生）
第15条（二重課税の排除）	第16条（相互協議手続）
第17条（見出し）	第18条（効力発生）
第19条（終了）	議定書

(6) 日本・ジャージー租税協定（J協定）の条文構成

J協定は第12条までG協定と同じ見出しです。第13条以下が違います。

第13条（退職年金）	第14条（政府職員）
第15条（学生）	第16条（二重課税の除去）
第17条（相互協議手続）	第18条（見出し）
第19条（効力発生）	第20条（終了）
議定書	

　J協定は第13条に退職年金の規定があり，G協定はそれがないということです。なお，両協定ともに，第2条と第11条に「対象となる租税」の条項がありますが，前者は情報交換，後者は二重課税の回避ということでその内容が異な

っています。

(7) ガーンジーの税制

法人税率	0％（通常税率），10％，20％
所得税	20％
遺産税・贈与税	なし
その他	王室直轄領として英国の税法等は適用されない。

(8) ジャージーの税制

所得税率	20％
キャピタルゲイン税	なし
遺産税・贈与税	なし
その他	王室直轄領として英国の税法等は適用されない。

(9) 英国の王室直轄領

　平成21年12月3日にわが国の最高裁第一小法廷において判決が出された事案は，チャンネル諸島のガーンジー島の税制に関連したものであり，当地に設立された内国法人の子法人に対する課税が，0％から30％の範囲において課税当局と合意した適用税率の問題でした。この問題となったチャンネル諸島のガーンジー島は英国の領土ですが，例えば，日本と英国との間の租税条約（日英租税条約）において定義された「英国」とは，グレートブリテン及び北アイルランド（UK：連合王国）をいい，ガーンジー島は，日英租税条約の適用外地域です。このガーンジー島と同様の状況にある英国領土は，ジャージー島，マン島があり，いずれも王室直轄領という地位にあり，英国の税法はこれらの地域に適用されません。付加価値税については，マン島は同税を課していますが，チャンネル諸島では同税の課税はありません。そして，これらの王室直轄領はEU加盟国ではありません。

❷ 租税協定の解説

(1) 租税協定の特徴

　日本が締結している情報交換協定には，協定の内容からバミューダ型とマン島型に分かれます。前者は，個人の特定の所得についての課税権の配分に関する規定があり，後者にはこれらがありません。ここで取り上げるG協定及びJ協定は，いずれもバミューダ型です。以下，両協定が同一の内容のものは特に断りなく，異なるものは，その都度，明記します。

(2) 目的及び適用範囲（第2条）

　両締約国の権限のある当局は，この協定の対象となる租税に関する両締約国の法令の規定の運用又は執行に関連する情報の交換を通じて支援を行うことが目的です。交換される情報には，この協定の対象となる租税の決定，賦課及び徴収，租税債権の回収及び執行並びに租税事案の捜査及び訴追に関連する情報が含まれます。情報は，各締約国の法令に従うことを条件として，この協定に従い入手し，交換し，かつ，秘密として取り扱われます。

(3) 管轄（第3条）

　被要請国は，その当局によって保有されておらず，かつその領域的管轄内にある者によって保有され，又は管理されていない情報については，それを提供する義務を負いません。

(4) 対象となる租税（第4条）

　G協定では，日本については，所得税，法人税，住民税，相続税，贈与税及び消費税についても適用となり，ガーンジーでは所得税と住宅利得税ですが，J協定は地方税を含むすべての租税という規定です。

(5) 要請に基づく情報の交換（第5条）

　要請に基づく情報の交換は次のとおりです。
　① 被要請国の権限のある当局は，要請に応じて情報を入手し，提供することになります。

② 被要請国は，保有する情報が情報提供の要請に応ずるために十分でない場合，自己の課税目的のために必要でないときであっても，要請された情報を要請国に提供するためにすべての関連する情報収集のための措置をとります。
③ 要請国から特に要請があった場合，被要請国は，記録の原本の写しに認証を付した形式で，この条の規定に基づく情報の提供を行います。
④ 被要請国の権限のある当局の提供する情報とは，銀行その他の金融機関等が有する情報，法人，組合，信託，財団その他の者の所有に関する情報です。
⑤ 入手，提供する義務を生じさせない情報として，上場法人等に関する情報があります。
⑥ 要請国は，情報の提供を要請する際に，その要請が必要であることを証明することを規定しています。
⑦ 要請者の権限ある当局が要請する際に提供する情報が規定されています。

(6) 海外における租税に関する調査（第6条）

被要請国は，要請国から要請があったときは，被要請国内における租税に関する調査の適当な部分に要請国の権限のある当局の代表者が立ち会うことを認めることができます。この要請に応ずる場合には，できる限り速やかに，要請国に対し，当該調査の時間及び場所，当該調査を行う当局又は職員並びに当該調査を行うために被要請国が求める手続及び条件を通知することになります。なお，租税に関する調査の実施についてのすべての決定は，当該調査を実施する被要請国が行います。

(7) 要請を拒否することができる場合（第7条）

本条では，次の事項が規定されています。
　イ　被要請者が情報を提供することを要求されない場合
　要請された情報が要請国にあるとした場合に同国の権限ある当局でも入手できないものであれば，被要請者は，その情報を提供することを要求されません。
　ロ　要請を拒否できる場合
① 要請が協定に従っていない場合

②　要請者が要請する情報に関して自己の管轄内において利用可能なすべての手段をとらなかった場合
　③　公序良俗に反する情報の場合
　ハ　営業上等の秘密
　ここでいう職業上の秘密とは，弁護士等がその依頼者との間に行う通信に関する情報等で，銀行等は，その有する情報を秘密等として情報提供を拒否することはできません。
　ニ　係争中の租税債権
　要請を行う契機となった租税債権が係争中であることを理由として拒否されることはありません。

⑻　秘密（第8条），費用（第9条）
　この協定に基づき一方の締約国が受領した情報は，秘密として取り扱われますが，この協定の対象となる租税の賦課若しくは徴収，これらの租税に関する執行若しくは訴追又はこれらの租税に関する不服申立てについての決定に関与する者又は当局（裁判所及び行政機関を含む。）には開示することができます。なお，情報は，被要請国の書面による明示による同意がない場合，第2条に定める目的外の使用はできません。また，費用の負担については，両締約国の権限のある当局の間で合意されることになります。

⑼　第3章　二重課税の回避（第10条以降）
　両協定は，第3章に二重課税の回避の見出しで，人的交流促進の見地から個人が取得する一定の所得に係る二重課税の回避を規定しています。したがって，以下では法人に係る規定はありません。

⑽　対象となる者（第10条）
　協定の両締約国のいずれかの個人居住者又は双方の個人居住者が対象者です。双方居住者については，第12条に振分け規定があります。

⑾　対象となる租税（第11条）
　日本は所得税と住民税，ガーンジー及びジャージーはともに所得税です。

⑿　居住者（第12条）

　本条第1項は通常の租税条約の居住者規定の第1項の規定と同様の内容です。第2項は，双方居住者の振分け規定です。振分けの順序は，①恒久的住居，②重要な利害関係の中心，③常用の住居，④権限ある当局の合意，です。通常の租税条約にある国籍という要件はありません。

⒀　退職年金（J協定第13条）

　政府職員の場合を除いて，年金受領者の居住地国で課税です。

⒁　政府職員（G協定第13条，J協定第14条）

　政府職員への報酬，退職年金は，原則として，派遣国において課税となります。

⒂　学生（G協定第14条，J協定第15条）

　滞在する学生，事業修習者が，生計，教育又は訓練を受けるため国外から支払われるものは，滞在地国で免税となります。事業修習者の免税の期間は，最初に訓練を開始した日から1年以内です。

⒃　二重課税の回避（G協定第15条，J協定第16条）

　税額控除方式により，二重課税の回避が行われます。

⒄　相互協議手続（G協定第16条，J協定第17条）

　相互協議の申立ては，措置の最初の通知の日から3年以内です。

⒅　議定書（G協定，J協定共通）

　協定第5条の規定に関し，被要請者の権限のある当局は，できる限り速やかに要請された情報を要請者に提供します。迅速な対応を確保するため，被要請者の権限のある当局は，次のことを行います。
　(a)　要請者の権限のある当局に対し，要請の受領を書面によって確認すること及び当該要請に不備がある場合には，要請者の権限のある当局に対し，当該要請の受領の日から60日以内に当該不備を通知すること。

(b) 要請の受領の日から90日以内に要請された情報を入手し,及び提供することができない場合（当該情報を提供することについて障害がある場合又は当該情報を提供することを拒否する場合を含む。）には,要請者の権限のある当局に対し,そのような入手及び提供が不可能である理由,当該障害の性質又はその拒否の理由を説明するため直ちに通知すること。

日本・スイス租税条約

❶ 租税条約の基礎データ

(1) スイスの概要

国　名	スイス連邦　Swiss Confederation
面　積	4.1万 km² (九州と同程度) 26の州 (カントン)
人口 (万人)	824 (2014年)
言　語	ドイツ語65％, フランス語22％, イタリア語8％, ロマンシュ語1％ (2011年, スイス連邦統計庁)
GDP (億CHF)	6,359 (2013年)
為替レート	1スイスフラン＝130円 (2015年5月)

(2) 租税条約の基礎データ

	現行租税条約	原条約等
スイス	(署名) 昭和46年1月 (発効) 昭和46年12月 (一部改正署名) 平成22年5月 (一部改正発効) 平成23年12月 日本スイス租税条約の情報交換規定の解釈に関する書簡交換 (平成24年5月)	同　左
日本・スイス租税条約の正式名称	「所得に対する租税に関する二重課税の回避のための日本国とスイスとの間の条約」	

(3) 租税条約の条文構成

第1条 (対象者)	第2条 (対象税目)	第3条 (一般的定義)
第4条 (居住者)	第5条 (恒久的施設)	第6条 (不動産所得)
第7条 (事業利得)	第8条 (国際運輸業所得)	第9条 (特殊関連企業)

第10条（配当）	第11条（利子）	第12条（使用料）
第13条（譲渡収益）	第14条（自由職業所得）	第15条（給与所得）
第16条（役員報酬）	第17条（芸能人及び運動家）	第18条（退職年金）
第19条（政府職員）	第20条（削除：旧教授）	第21条（学生）
第21条のA（匿名組合）	第22条（その他所得）	第22条のA（特典制限）
第23条（二重課税の除去）	第24条（無差別取扱い）	第25条（相互協議手続）
第25条のA（情報交換）	第26条（外交官）	第27条（効力）
第28条（終了）	議定書12	交換公文（平成24年）

(4) スイスの税制

法人税率	7.8％（連邦税），地方所得との合計税率12～24％
源泉徴収	配当35％，利子0％，35％，使用料0％
損失の繰戻	な し
損失の繰越	7年
優遇税制	持株会社，支配会社，準支配会社，サービス会社等
付加価値税	8％（標準税率）
個人所得税	連邦税最高税率11.5％，地方所得との合計税率14～35％
遺産税・贈与税	（州税）あり

　スイスの税制の特徴としては，連邦税より州税の負担が重いこと，持株会社等に優遇税制があること，外国富裕層に対する優遇税制（一括税）があったこと（現在，廃止の方向）等が挙げられます。

(5) 持株会社等の優遇税制

　所定の要件（自ら事業活動を行わず他の法人の株式等の管理を目的とし，総資産の3分の2以上が適格投資又は所得の3分の2以上が受取配当であること。）を満たす持株会社は，州税及び市町村民税が免除となります。また，支配会社（domiciliary company）と準支配会社（mixed company）については，支配会社は，そのすべての事業活動を国外で行う会社で，スイス国内では事務

的な活動のみを行う法人であり，その国外源泉所得に対して州税及び町村民税が免除されます。準支配会社は，その事業活動の大半を国外で行い一部をスイス国内で行う法人であり，その収益及び費用の8割が国外源泉所得に係るものであることが要件となります。この要件を満たす準支配会社は，州税及び市町村民税が軽減されます。サービス会社は，他の関連法人に対して調査等の各種のサービスを提供するスイス居住法人です。この会社に対する州税及び市町村民税の課税の軽減は，準支配会社と同様です。

(6) スイスの税務情報開示

2014年5月にパリにおいて開催されたOECD（経済協力開発機構）閣僚理事会において，各国間において，租税に係る金融情報の自動交換の宣言が採択されました。この会議には，OECD加盟国34か国とアルゼンチン，ブラジル，中国，コロンビア，コスタリカ，インド，インドネシア，ラトビア，リトアニア，マレーシア，サウジアラビア，シンガポール，南アフリカが参加しています。その結果，この会議には，G20のすべての国が参加していることになりました。

この宣言が注目される点の第1は，この宣言で示された事項が今後の新しい世界基準になるということです。第2は，これまで，銀行の秘密保護法等により守られてきた預金者情報が各国の課税当局に把握されることになったことです。特に，この会議には，スイス，オーストリア，ルクセンブルク，シンガポールという非居住者預金を多く持つ国が含まれています。

例えば，スイスの場合，今回の宣言以前に，米国は，外国口座税務コンプライアンス法（FATCA：Foreign Account Tax Compliance Act）を制定し，海外の金融機関にある米国人の預金口座情報を米国に知らせるように働きかけたのです。このような情勢下において，預金者の秘密保護で有名であったスイスが，2013年9月に，FATCAに関する協定を批准しました。その背景には，2013年1月に，スイスのプライベートバンクであるウェリンゲンが米国において脱税のほう助をしたとして多額の罰金を科せられ廃業に追い込まれたことがあり，スイスはこのFATCAに係る協定に批准することで，米国に対して預金者の秘密保護の一部を既に放棄していたのです。スイスは海外から多額の資金を預けられていますが，過去に対EU加盟国の個人預金者からは税を徴収したこと，さらに，米国との間では情報を開示したことで，スイスから預金が他国

に流出したといわれています。

❷ 租税条約の解説

昭和46年署名の旧条約の特徴の1つは，情報交換の規定がないことでした。G20及びOECD等において租税に関する情報交換の促進が図られたことから，平成22年に条約の一部が議定書の形で改正されました。

(1) 本条約の名称

本条約の正式名称には，他の条約例にある「脱税の防止のための」という文言が入っていません。日本の締結している租税条約では，対イタリア，対オーストリア，対ザンビア，対スペイン，対スロバキア，対チェコ，対デンマーク，対ハンガリー，対ブラジル，対ベルギー，対ポーランド，対ルーマニア，対ロシアの各租税条約がこれと同様の名称です。

(2) 対象税目（第2条）

日本は，所得税，法人税及び住民税ですが，スイスは，所得（総合所得，勤労所得，資本所得，産業上及び商業上の利得，譲渡収益その他の区分の所得）に対する連邦税，州税及び市町村税です。

(3) 居住者（第4条）

旧条約では双方居住者の振分け規定がなく，両締約国の協議でした。内国法人の代表者でスイスに住居を持つ者の双方居住者の協議が旧条約下で行われたという事績があります。現行条約は振分け規定と，第4条第5項に，事業体に対する租税条約の適用の規定（両国間で課税上の取扱いが異なる団体に関する規定）が置かれました。この規定は日英租税条約の規定と同型です。

(4) 恒久的施設（PE）（第5条）

建設工事が12か月を超えるとPEになります。また，代理人PEで，在庫保有代理人及び注文取得代理人に関する規定はありません。

(5) 事業所得（第7条）

本条の各項は，第1項帰属主義，第2項独立企業の原則，第3項本店配賦経費，第4項所得配分によりPE利得の算定，第5項単純購入非課税の原則，第6項所得計算の継続性，第7項他の規定との関係，の基本7項型です。

(6) 国際運輸業所得（第8条）

国際運輸業所得は企業の所在地国が課税です。

(7) 特殊関連事業（第9条）

現行条約では，移転価格の課税処分の期間制限が課税年度終了後7年間となり，不正に租税を免れた場合はこの期間制限は適用されません。

(8) 配当（第10条），利子（第11条），使用料（第12条）

	限度税率
特定の親子間配当（持株割合50%以上6か月保有）	源泉地国免税
親子間配当（持株割合10%以上6か月保有）	5％
一般配当	10％
利子（政府，中央銀行等は免税）	10％（金融機関等の利子所得の免税範囲が拡大しました。）
使用料	源泉地国免税

(9) 譲渡収益（第13条）

本条第2項に不動産化体株式に関する規定が設けられ，第3項に破綻金融機関の株式譲渡に係る規定があります。譲渡収益の課税は原則として居住地国課税です。

(10) 自由職業所得（第14条）

医師，弁護士等が，源泉地国に事務所等の固定的施設を有する場合，その固定的施設に帰属する所得についてのみ課税となります。

⑾　**給与所得（第15条）**
　短期滞在者免税の183日ルールは暦年基準です。

⑿　**教授（旧条約第20条）**
　この条項は改正により削除されました。

⒀　**学生（第21条）**
　学生，事業修習者が生計，教育又は訓練のために受け取る国外からの給付は滞在地国で免税です。滞在地国内法での役務提供及び免税期間の規定はありません。

⒁　**匿名組合条項の新設（第21条のA）**
　匿名組合員が取得する所得及び収益は，その所得源泉地国の法令に従って課税となる内容です。

⒂　**その他所得条項の改正（第22条）**
　その他所得は，居住地国課税ですが，規定は，基本的に日米型を踏襲したものです。

⒃　**特典制限条項（第22条のA）**
　スイスには持株会社等の存在があるために，これまでの条約例にない規定が同条第5項にあります。すなわち，一方の締約国の居住者は，適格者に該当しない場合においても，他方の締約国（所得源泉地国）から取得する所得源泉地条約免税所得（特定の親子間配当，金融機関等の受領する利子所得，使用料所得，居住地国課税となる譲渡所得及びその他所定の所得）までに掲げる要件を満たすときは，これらの規定により認められる特典を受ける権利を有することを規定しています。

⒄　**相互協議（第25条）**
　相互協議の申立て期限は通知のあった日から3年以内です。

⒅ 情報交換（第25条のA）

　情報交換規定の新設の背景としては，次の事柄が影響したものと思われます。

　第1は，2008年にスイスの最大手の銀行であるUBSが米国で不祥事を起こし，2009年8月に米国政府とスイス政府はUBS問題で合意に達し，UBSは，4,450口座の所有者名を米国政府に公表することになったのです。

　第2としては，OECDが，有害な税競争に対する規制について検討を行い，その後，税務情報の透明性と交換を促進する活動を続けてきたことで，これまで国内法等により情報交換をすることができなかった国等において，情報交換を可能にする法的整備が行われ，2009年以降，世界各国において情報交換に係る租税条約の改正及び情報交換協定の締結が急増したのです。また，日本は2010年に入り，1月に対ルクセンブルク，対ベルギー，2月に対シンガポール，対マレーシアと既存の租税条約の情報交換条項の改正を行うとともに，2月にバミューダとの間で新租税協定に署名し，3月31日に香港との間の新租税条約に関する基本合意ができたことが公表されました。そして，この延長線に，2010年5月のスイスとの条約改正議定書の署名と続くのです。その結果，第25条が新設され，特に金融機関に係る情報交換に関連する規定が創設されました。

⒆ 平成24年6月の交換公文（第25条のA）

　交換公文では，次の2点が確認されました。
① 租税に関する情報の交換を可能な限り広範に行うこととする一方で，特定の納税者に関連する可能性に乏しい情報まで自由に要請することはできないこと
② 改正後の条約の不可分の一部を成す議定書5(C)の規定は，情報を要請する際に単なる証拠の収集が行われないことを確保するための手続的要件を含むものであるが，実効的な情報の交換を妨げるものではないと解されること

　スイスは，銀行法に基づく守秘義務が徹底しているというのが国際的な共通認識でしたが，上記(6)及び⒅に述べた背景等により，これまでの認識が崩壊した状態です。この交換公文は，租税条約における情報交換の細部について両国が確認したということです。

日本・スウェーデン租税条約

❶ 租税条約の基礎データ

(1) スウェーデンの概要

国　名	スウェーデン王国　Kingdom of Sweden
人口（万人）	983（2015年）
言　語	スウェーデン語
GDP（億US＄）	5,706（2014年）
主要貿易相手国	輸出：EU（27か国），ノルウェー，米国，中国 輸入：EU（27か国），ノルウェー，中国，ロシア
日本との経済交流	スウェーデンに設立されている日系企業数は約130社（2013年在スウェーデン大使館調べ）であり，情報通信や医薬品等の分野を中心に，スウェーデンの高い技術力に着目した企業間提携や企業買収などのビジネスの動きがみられ，2010年末における，日本からスウェーデンへの直接投資残高（製造業＋非製造業）は3,273億円となっています。これに対して，スウェーデンからの対日投資は，2010年末で，スウェーデンから日本への直接投資残高（製造業＋非製造業）は916億円と日本からの投資がスウェーデンからの投資を上回っています。
為替レート	1クローナ＝14.1円（2015年4月現在）

(2) 租税条約の基礎データ

	現行租税条約	原条約等
スウェーデン	（第2次条約） （署名）昭和58年1月 （発効）昭和58年9月 （一部改正署名）平成11年2月 （一部改正発効）平成11年12月 （一部改正署名）平成25年12月	（署名）昭和31年12月 （発効）昭和32年6月 （一部改正署名）昭和39年4月 （一部改正発効）昭和40年5月

	（一部改正発効）平成26年10月
日本・スウェーデン租税条約の正式名称	「所得に対する租税に関する二重課税の回避及び脱税の防止のための日本とスウェーデンとの間の条約」

日本・スウェーデン原条約は，昭和32年（1957年）に日米租税条約に次いで日本で2番目となる古い租税条約です。

(3) 租税条約の条文構成

第1条（適用対象者）	第2条（対象税目）	第3条（一般的定義）
第4条（居住者）	第5条（恒久的施設）	第6条（不動産所得）
第7条（事業所得）	第8条（国際運輸業所得）	第9条（特殊関連企業）
第10条（配当所得）	第11条（利子所得）	第12条（使用料所得）
第13条（譲渡収益）	第14条（削除）	第15条（給与所得）
第16条（役員報酬）	第17条（芸能人等）	第18条（政府職員）
第19条（学生）	第20条（課税の減免）	第21条（その他所得）
第21条のA（特典制限条項）	第21条のB（所定の支払配当に対する条約適用の制限）	第21条のC（条約濫用と認められる取引に対する否認規定）
第22条（二重課税の排除）	第23条（無差別取扱い）	第24条（相互協議）
第25条（情報交換）	第25条のA（徴収の相互支援）	第26条（外交官）
第27条（発効）	第29条（終了）	議定書

(4) スウェーデンの税制

法人税率	22%（2012年1月以降）
外国法人支店税	22%
源泉徴収	配当30%（非居住者），利子0%，使用料0%
損失の繰戻	なし

損失の繰越	無制限
付加価値税	25%（標準税率）
社会保障	31.42%（標準率）
個人所得税	国税最高税率25%，給与所得に課される地方税29～36%
遺産税・贈与税	なし

❷ 租税条約の解説

(1) 本条約の概要

　日本とスウェーデン間の所得税租税条約は，2013年12月5日にストックホルムにおいて議定書（以下「改正議定書」とします。）に署名され，本条約の一部が改正されました。

　今回の改正は，本条約に遅れて同月に改正された日英租税条約（平成25年12月17日改正署名：以下「改正日英租税条約」とします。）と類似する改正内容の部分が多くありますが，日英租税条約は事業所得条項を OECD モデル租税条約の改正事業所得条項と同様に改正をしましたが，本条約の事業所得について第4項が削除された以外は，改正前の規定とほぼ同様です。

(2) 対象税目（第2条）

　対象税目（第2条）が日本，スウェーデン双方において改正されました。日本は，復興特別所得税と復興特別法人税が追加されました。

(3) 居住者（第4条）

　双方居住者の振分け規定が新設されました（第2項）。個人以外の者については，両締約国の権限ある当局の合意により居住者とみなされる締約国を決定するよう努めることになりました。

(4) 恒久的施設（PE）（第5条）

　建設工事等は，12か月を超えると PE となります。代理人 PE は，従属代理人の規定だけです。

(5) 事業所得（第7条）

本条の各項は，第1項帰属主義，第2項独立企業の原則，第3項本店配賦経費，第4項所得配分によりPE利得の算定，第5項単純購入非課税の原則，第6項所得計算の継続性，第7項他の規定との関係，の基本7項型です。

(6) 配当所得（第10条），利子所得（第11条），使用料所得（第12条）

	限度税率
免税親子間配当（議決権株式の10％以上を6か月間直接間接保有）	0
一般配当	10％
利子所得（注1）	原則免税
使用料所得（注2）	原則免税

(注1) 課税となる利子所得は，contingent interest といわれるもので，債務者若しくはその関係者の収入，売上げ，所得，利得その他の資金の流出入，債務者若しくはその関係者の有する資産の価値の変動若しくは債務者若しくはその関係者が支払う配当，組合の分配金その他これらに類する支払金を基礎として算定される利子又はこれに類する利子という内容であり，これらの利子所得は，限度税率10％になります。

(注2) 国税庁のHPには，内国法人がスウェーデン法人から特許権を譲り受け，スウェーデン法人（同社は日本国内に恒久的施設を有していない。）に対してその対価を支払った場合，租税条約の適用により課税の減免が受けられるかどうかの照会事例が掲載されています。この照会は，特許権の譲渡対価に対する対スウェーデン租税条約（改正前）の適用関係です。この照会に対する回答は，特許権の譲渡対価について，改正前の対スウェーデン租税条約第12条（使用料所得条項），第13条（譲渡収益条項）の適用はなく，第21条（その他所得条項）第3項が適用となり，所得源泉地である日本において国内法の適用となり，租税条約による課税の減免はないという結論です。改正議定書では，使用料所得は源泉地国免税に改正されていますが，第21条第3項の改正はないことから，改正後も同回答は有効ということになります。なお，使用料の範囲には，船舶・航空機の裸用船契約の料金も含みます。

(7) 譲渡収益（第13条）

譲渡収益に関する源泉地国課税或いは居住地国課税の規定はありません。したがって，課税する国の国内法の適用ということになります。

(8) 給与所得（第15条）

短期滞在者免税の183日ルールが暦年基準であったのに対して，改正後は，

現行のOECDモデル租税条約と同様に,「当該課税年度において開始し,又は終了するいずれの12か月の期間においても」という条文に改正されました。

(9) 役員報酬（第16条）
役員報酬は,法人の居住地国においても課税することができます。

(10) 芸能人等（第17条）
芸能人等の所得は,その活動した国で課税になります。また,芸能人等の所得が芸能法人等に帰属する場合であっても活動した国において課税になります。

(11) 学生（第19条）
学生及び事業修習者は,生計,教育又は訓練のための国外から支払われる所得等は滞在地国で免税です。

(12) その他所得（第21条）
その他所得は,原則として居住地国課税です。

(13) 二重課税の排除（第22条）
税額控除方式が規定されています。

(14) 特典制限条項（第21条のA）
第1項では,一方の締約国の居住者が,条約相手国において第10条3（親子間配当の免税),第11条（利子所得）又は第12条（使用料所得）を取得する場合,この条に規定する適格者に該当し,かつ,これらの規定により認められる特典を受けるためにこれらの規定に規定する要件を満たす場合に限り,各課税年度において,当該特典を受ける権利を有することになります。したがって,投資所得に係る条約免税は,この条に定める適格者で,かつその他の要件を満たす者がこの特典を享受することが認められるのです。

本条第3項は,派生的受益要件に係る規定です。この規定では,一方の締約国の居住者である法人は,適格者に該当しない場合においても,他方の締約国において取得する特典条項対象所得に関し,7以下の同等受益者が当該法人の

議決権の75％以上に相当する株式を直接又は間接に所有し，かつ，当該法人がこれらの規定により認められる特典を受けるためにこれらの規定に規定する要件を満たすときは，これらの規定により認められる特典を受ける権利を有する，と規定されています。

第5項は，能動的事業要件といわれるもので，その趣旨は，一方の締約国に事業上の目的等を有しなんらかの経済的合理性に基づいて居住者となった者について，所定の要件を満たす場合は，条約に定める所定の特典の享受を認めるとするものです。第6項は，課税当局による認定に基づく救済規定です。

⒂ 優遇税制の適用を受ける法人に対する減免の制限（第21条のB）

この規定は，この条約の他のいかなる規定にもかかわらず，一方の締約国の居住者である法人に関し，所定の要件のいずれにも該当する場合には，租税の免除又は軽減を認めるこの条約の規定は，当該法人の所得及び当該法人が支払う配当については，適用しないことを定めています。

⒃ 条約濫用と認められる取引に対する否認規定（第21条のC）

この規定は，所得の支払又は取得の基因となる権利又は財産の設定又は移転に関与した者が，この条約の特典を受けることを当該権利又は財産の設定又は移転の主たる目的とする場合には，当該所得に対しては，この条約に定める租税の軽減又は免除は与えられない，とするもので，日米租税条約にはなく，日英租税条約等にみられる規定（PPT）です。

⒄ 仲裁規定（第24条第5～7項）

本条約には，相互協議条項に仲裁規定が新設されています。

⒅ 情報交換規定（第25条）

本条約の情報交換規定が改正されて，条約相手国から情報提供の要請を受けた場合，自己の課税目的のために必要でないときであっても，当該情報を入手するために必要な手段を講ずること，金融機関情報を提供することができる等の改正が行われました。

⑲ **国際的徴収共助システムの導入（第25条のA）**

わが国では，平成24年12月に改正署名が行われた対ニュージーランド租税条約（平成25年9月26日発効）以降に改正署名された租税条約には，この規定が新設されています。この規定は，双方の締約国が租税債権の徴収に相互の支援を行うもので，換言すれば，一方の締約国の租税を滞納して他方の締約国に移動したとしても，他方の締約国が一方の締約国に代わって租税を徴収するというものです。租税の徴収は，その法施行地内に限定されていたことから，租税を滞納したまま国外に移動すれば，租税の徴収から免れることができるという事態を解消するための新しい国際徴収共助システムのことです。

日本・スペイン租税条約

1 租税条約の基礎データ

(1) スペインの概要

国　名	スペイン　Spain
人口（万人）	4,645（2014年1月）
GDP（億US＄）	14,065（2014年）
スペイン経済	2008年以降，景気低迷による財政赤字の拡大，失業も深刻化
通　貨	ユーロ

(2) 租税条約の基礎データ

	現行租税条約	原条約等
スペイン	（署名）昭和49年2月 （発効）昭和49年11月	同　左
日本・スペイン租税条約の正式名称	「所得に対する租税に関する二重課税の回避及び脱税の防止のための日本国とスペイン国との間の条約」	

(3) 租税条約の条文構成

第1条（適用対象者）	第2条（対象税目）	第3条（一般的定義）
第4条（居住者）	第5条（恒久的施設）	第6条（不動産所得）
第7条（事業所得）	第8条（国際運輸業所得）	第9条（特殊関連企業）
第10条（配当所得）	第11条（利子所得）	第12条（使用料所得）
第13条（譲渡収益）	第14条（自由職業所得）	第15条（給与所得）
第16条（役員報酬）	第17条（芸能人等）	第18条（退職年金）
第19条（政府職員）	第20条（学生）	第21条（教授）
第22条（その他所得）	第23条（二重課税の排除）	第24条（無差別取扱い）

第25条（相互協議）	第26条（情報交換）	第27条（外交官）
第28条（発効）	第29条（終了）	議定書

(4) スペインの税制

法人税率	28％（2015年），25％（2016年）
キャピタルゲイン	課税所得に含まれて課税
源泉徴収	配当19％，21％，利子19％，21％ 使用料24％，24.75％
支店送金税	19％，21％
損失の繰戻	なし
損失の繰越	18年
所定の要件を満たすスペイン持株会社の優遇税制	国外からの受取配当等は非課税。この受取配当を日本親会社に配当する場合，非課税となります。
移転価格税制	2006年12月1日以降に開始する事業年度から，移転価格税制が適用されています。
付加価値税	21％（標準税率）
個人所得税	最高税率51.9％（マドリード居住者の場合）
遺産税・贈与税	あり（州税）

❷ 租税条約の解説

(1) 対象税目（第2条）

日本は，所得税，法人税及び住民税です。スペインは，次の①～⑥です。
① 個人一般所得税
② 法人一般所得税（1964年6月11日の法律第41号第104条によって設定された4％の特別賦課金を含む。）
③ 次の予納税として，農村土地税，都市土地税，勤労所得税，資本所得税及び商工事業税
④ サハラにおける所得税及び企業利得税

⑤ 石油の探査及び採取に従事する企業に適用される1958年12月26日の法律に定める表面使用税, 産出高税及び法人利得特別税
⑥ 地方所得税

上記の④は, この条約締結時, スペインは, アフリカにスペイン領サハラを統治していたことから上記の規定になりました。1975年（昭和50年）のマドリード協定によりスペインはサハラの領有権を放棄して撤退しています。

(2) 居住者（第4条）

本条第2項に個人双方居住者の振分け規定があります。また, 法人については, 双方の締約国による合意により決定することになっています。

(3) 恒久的施設（PE）（第5条）

建設工事等は, 12か月を超えるとPEとなります。代理人PEは従属代理人のみです。

(4) 事業所得（第7条）

本条の各項は, 第1項帰属主義, 第2項独立企業の原則, 第3項本店配賦経費, 第4項所得配分によりPE利得の算定, 第5項単純購入非課税の原則, 第6項所得計算の継続性, 第7項他の規定との関係, の基本7項型です。

(5) 国際運輸業所得（第8条）

国際運輸業所得は, 相互免除として居住地国のみで課税されます。

(6) 特殊関連企業（第9条）

対応的調整の規定がありません。

(7) 配当所得（第10条），利子所得（第11条），使用料所得（第12条）

各種所得の限度税率は次のとおりです。

	限度税率
親子間配当（議決権株式の25％以上を6か月保有）	10％
一般配当	15％
利子所得	10％
使用料所得	10％

上記の利子所得には償還差益は含まれていません。

また，使用料所得については，産業上，商業上若しくは学術上の設備の使用若しくは使用の権利の対価として，又は産業上，商業上若しくは学術上の経験に関する情報の対価として受け取るすべての種類の支払金が含まれます。

(8) 譲渡収益（第13条）

株式等の譲渡収益は居住地国課税です。不動産化体株式，事業譲渡類似の譲渡収益に係る規定はありません。

(9) 自由職業所得（第14条）

医師，弁護士等の自由職業者の所得は，固定的施設を有する場合にその固定的施設に帰属する所得についてのみ課税されます。

(10) 給与所得（第15条）

短期滞在者免税は暦年基準で183日ルールです。

(11) 役員報酬（第16条）

法人の所在地国でも課税ができます。

(12) 芸能人等（第17条）

芸能法人等のPE課税については，第6条に規定があります。芸能人等の課税は，その活動を行った国において行うことになります。

(13) 退職年金（第18条）

退職年金は，その受領者の居住地国で課税になります。

⒁ **政府職員（第19条）**

　政府職員に対する報酬は，原則として派遣国において課税となります。ただし，接受国の国民が受領者の場合は接受国で課税です。

⒂ **教授（第20条）**

　2年間滞在地国免税です。

⒃ **学生（第21条）**

　学生及び事業修習者は，生計，教育又は訓練のための国外から支払われる所得等は滞在地国で免税です。

⒄ **その他所得（第22条）**

　その他所得は，居住地国課税です。

⒅ **二重課税の排除，みなし外国税額控除（第23条）**

　二重課税の排除は税額控除方式です。みなし外国税額控除は昭和54年（1979年）以降適用はありません。この租税条約における外国税額控除については次のような特徴があります。

　① 日本源泉の事業所得等のスペイン免税

　スペイン居住者が日本において事業所得等（以下②以外の所得）を取得して課税を受ける場合，居住地国であるスペインでは，この所得を課税免除することになります。ただし，累進つき免除方式が適用されて，居住者の残余の所得に対する租税の計算において，その免除された所得についてその免除が行われないとしたならば適用したであろう税率を適用するということができます。

　② 利子・配当・使用料所得

　スペイン居住者が日本源泉の利子・配当・使用料所得について日本で課税を受け，かつ，スペインにおいてもこれらの所得について課税を受ける場合，所定の控除限度額の範囲内でスペインにおいて外国税額控除を受けることになります。これら投資所得については，源泉地国において限度税率の適用により課税の軽減を受けることから，居住地国において再度課税することにより課税の軽減を享受することを避ける狙いがこの措置にあるものと思われます。

⑲ **交換公文**

　①大陸棚の鉱物資源に対する課税，②スペインの事業所税が地方所得税に含まれることの確認，③スペインの国際運輸企業は日本において事業税免除となります。④使用料所得のうちから権利又は財産の真正な譲渡は譲渡収益条項の適用となります。⑤国際運輸業所得条項は，1968年1月1日以後の開始する所得に適用されます。

（コラム）2種類のグーグル税

　グーグル税は，個別企業を対象としたものではなく，IT関連企業に対する課税の総称として使用されているものです。この税には，2つの形態があります。1つは，2011年7月に導入を図ったフランスのグーグル税で，ネット事業者の広告収入に課税するというものです。EUにおいて初めてグーグル税を制定法化したのは，イタリアで，2013年12月に同税を創設しています。この税は，同国において広告を出す場合，同国企業を通じた取引を義務付けるものであり，イタリア企業から徴税することを狙いとしたものです。スペインも同種の税を導入し，この税は2015年1月から同国で施行されています。

　これと異なる形態は英国の新税です。この税はDiverted Profit Tax（迂回利益税）という名称で，2015年4月1日から施行され，当該利益に対して25％の課税が行われています。2016年1月にグーグル社は英国の課税当局（歳入関税庁：HMRC）に2005年以降の滞納分として約220億円を納付しました。これはグーグル税創設の効果といわれています。
（http://bylines.news.yahoo.co.jp/kimuramasato/20160124-00053729/　アクセス2016年5月28日）

日本・スロバキア租税条約，日本・チェコ租税条約

❶ 租税条約の基礎データ

(1) スロバキアの概要（1993年：平成5年独立）

国　名	スロバキア共和国　Slovak Republic
独　立	旧チェコスロバキアは1993年に分離独立して，スロバキアとチェコになりました。
人口（万人）	541.7（2014年3月）
民　族	スロバキア人80.6%，ハンガリー人8.5%等（2012年）
言　語	スロバキア語
GDP（億US＄）	958（2013年）
主要貿易相手国 （2013年：スロバキア統計局）	輸出：ドイツ21.1%，チェコ13.6%，ポーランド8.3% 輸入：ドイツ15.5%，チェコ10.4%，ロシア10.2%
通　貨	ユーロ

(2) チェコの概要（1993年：平成5年独立）

国　名	チェコ共和国　Czech Republic
人口（万人）	1,054（2014年12月）
民　族	チェコ人95.5%，その他ウクライナ人，スロバキア人等（2011年国勢調査）
言　語	チェコ語
GDP（億USD）	1,984.5（2013年）
主要貿易相手国	輸出：ドイツ32.0%，スロバキア8.3%，ポーランド5.9%，フランス5.1%，英国5.1%，オーストリア4.3%，イタリア3.7%，ロシア3.1%，日本0.6%

	輸入：ドイツ26.3%，中国11.5%，ポーランド7.8%，スロバキア5.3%，ロシア4.1%，イタリア4.1%，オランダ3.4%，フランス3.3%，オーストリア3.1%，日本1.6%（2014年，チェコ統計局）
為替レート	1コルナ＝5.1円（2014年8月）

(3) 租税条約の基礎データ

	現行租税条約	原条約等
スロバキア・チェコ	（署名）昭和52年10月 （発効）昭和53年11月	同　左
日本・スロバキア・チェコ租税条約の正式名称	「所得に対する租税に関する二重課税の回避のための日本国とチェコスロバキア社会主義共和国との間の条約」	
日本・スロバキア政府間の口上書の交換	平成5年6月27日（日本・チェコスロバキア租税条約の継続適用）	
日本・チェコ政府間の口上書の交換	平成6年3月25日（日本・チェコスロバキア租税条約の継続適用）	

(4) 租税条約の条文構成

第1条（適用対象者）	第2条（対象税目）	第3条（一般的定義）
第4条（居住者）	第5条（恒久的施設）	第6条（不動産所得）
第7条（事業所得）	第8条（国際運輸業所得）	第9条（特殊関連企業）
第10条（配当所得）	第11条（利子所得）	第12条（使用料所得）
第13条（譲渡収益）	第14条（自由職業所得）	第15条（給与所得）
第16条（役員報酬）	第17条（芸能人等）	第18条（退職年金）
第19条（政府職員）	第20条（教授）	第21条（学生）
第22条（その他所得）	第23条（二重課税の排除）	第24条（無差別取扱い）
第25条（相互協議）	第26条（情報交換）	第27条（外交官）
第28条（発効）	第29条（終了）	交換公文・議定書なし

(5) スロバキアの税制

法人税率	22%（2014年1月より）
外国法人支店税	22%
源泉徴収	配当0%，利子19%，使用料19%
損失の繰戻	なし
損失の繰越	7年
付加価値税	20%（標準税率）
個人所得税	19%，25%
遺産税・贈与税	なし

(6) チェコの税制

法人税率	19%
外国法人支店税	19%
源泉徴収	配当・利子・使用料，いずれも0%，15%，35%
損失の繰戻	なし
損失の繰越	5年
付加価値税	21%（標準税率）
個人所得税	15%の単一税率
相続税・贈与税	2014年より相続税はなし，贈与税は受贈者課税

❷ 租税条約の解説

(1) 対象税目（第2条）

　日本は，所得税，法人税及び住民税です。チェコスロバキアにおいては，①利得税，②賃金税，③文学上及び美術上の活動から生ずる所得に対する租税，④農業税，⑤住民所得税，⑥家屋税，です。

　現行条約は，両国が独立前のチェコスロバキア時代の税制に基づく対象税目ですが，第2条第2項には，「この条約は，1に掲げる租税に加えて又はこれ

に代わってこの条約の署名の日の後に課される租税であって1に掲げる租税と同一の又はこれと実質的に類似するものについても，また，適用する。」と規定があることから，この規定により現行のスロバキアとチェコの税制を読み替えて対象税目と理解するものと思われます。

(2) 居住者（第4条）

本条第2項に個人双方居住者は，双方の締約国による合意により決定することになっています。個人以外のものは，その者の本店又は主たる事務所の所在地の居住者とみなされます。

(3) 恒久的施設（PE）（第5条）

建設工事等は，12か月を超えるとPEとなります。代理人PEは従属代理人のみです。

(4) 事業所得（第7条）

本条の各項は，第1項帰属主義，第2項独立企業の原則，第3項本店配賦経費，第4項所得配分によりPE利得の算定，第5項単純購入非課税の原則，第6項所得計算の継続性，第7項他の規定との関係，です。特に他の租税条約と変わった点はありません。

(5) 国際運輸業所得（第8条）

国際運輸業所得は，相互免除として居住地国のみで課税されます。日本の事業税及びチェコで今後課されるであろう事業税類似の税は免税です。

(6) 特殊関連企業（第9条）

対応的調整の規定がありません。

(7) 配当所得（第10条），利子所得（第11条），使用料所得（第12条）

各種所得の限度税率は次のとおりです。

	限度税率
親子間配当（議決権株式の25％以上を6か月保有）	10％
一般配当	15％
利子所得	10％
利子所得（政府・中央銀行等）	免税
使用料所得（工業的使用料）	10％
使用料所得（文化的使用料）	免税

「工業的使用料」とは，特許権，商標権，意匠，模型，図面，秘密方式若しくは秘密工程の使用若しくは使用の権利の対価として，産業上，商業上若しくは学術上の設備の使用若しくは使用の権利の対価として，又は産業上，商業上若しくは学術上の経験に関する情報の対価として受け取るすべての種類の支払金をいいます。

「文化的使用料」とは，文学上，美術上又は学術上の著作物（映画フィルム及びラジオ放送用又はテレビジョン放送用のフィルム又はテープを含む。）の著作権の使用又は使用の権利の対価として受け取るすべての種類の支払金をいいます。

(8) 譲渡収益（第13条）

株式等の譲渡収益は居住地国課税です。不動産化体株式，事業譲渡類似の譲渡収益に係る規定はありません。

(9) 自由職業所得（第14条）

医師，弁護士等の自由職業者の所得は，固定的施設を有する場合にその固定的施設に帰属する所得についてのみ課税されます。

(10) 給与所得（第15条）

短期滞在者免税は暦年基準で183日ルールです。

⑾　**役員報酬（第16条）**

　法人の所在地国でも課税ができます。

⑿　**芸能人等（第17条）**

　芸能法人等のPE課税については，第6条に規定があります。芸能人等の課税は，その活動を行った国において行うことになります。

　もっとも，そのような活動が両締約国の政府の間で合意された文化交流のための特別の計画に基づき他方の締約国の居住者である個人により行われる場合には，その所得については，そのような活動が行われた締約国において租税が免除されます。

⒀　**退職年金（第18条）**

　退職年金は，その受領者の居住地国で課税になります。

⒁　**政府職員（第19条）**

　政府職員に対する報酬は，原則として派遣国において課税となります。ただし，接受国の国民が受領者の場合は接受国で課税です。

⒂　**教授（第20条）**

　2年間滞在地国免税です。

⒃　**学生（第21条）**

　学生及び事業修習者は，生計，教育又は訓練のための国外から支払われる所得等は滞在地国で免税です。所得については，それが当該一方の締約国内で提供される人的役務について受け取るものであって，1課税年度において600,000円又はチェコスロバキア・クラウンによるその相当額を超えないものである場合に限られます。

⒄　**その他所得（第22条）**

　その他所得は，居住地国課税です。

(18) **二重課税の排除（第23条）**

二重課税の排除は税額控除方式です。みなし外国税額控除の規定はありません。

(19) **無差別取扱い（第24条），相互協議（第25条），情報交換（第26条）**

他の租税条約と同様の規定です。

日本・スロベニア租税条約

① 租税条約の基礎データ

(1) スロベニアの概要

国　名	スロベニア共和国　Republic of Slovenia
旧ユーゴスラビアの解体	スロベニア（1991年），クロアチア（1991年），ボスニア・ヘルツェゴビナ（1992年独立後紛争），モンテネグロ（2006年），セルビア（2006年），コソボ（2008年），マケドニア（1991年）
面　積	2万273 km^2
人口（万人）	206（2015年10月）
言　語	スロベニア語
GDP（億EUR）	373（2014年（統計局））
EU加盟	2004年
OECD加盟	2010年
通　貨	ユーロ

(2) 租税条約の基礎データ

	現行租税条約	原条約等
スロベニア	平成28年1月29日：実質合意	同　左
日本・スロベニア租税条約の正式名称	「所得に対する租税に関する二重課税の回避のための日本国とスロベニア共和国との間の条約」	

(3) スロベニアの税制

法人税率	17%
外国法人支店税	17%
源泉徴収	配当15%，利子15%，使用料15%

損失の繰戻	な　し
損失の繰越	無制限
付加価値税	20％（標準税率）
個人所得税	16～50％
遺産税・贈与税	あ　り

日本・デンマーク租税条約

❶ 租税条約の基礎データ

(1) デンマークの概要

国　名	デンマーク王国　Kingdom of Denmark
人口（万人）	562（2013年）
言　語	デンマーク語
GDP（億US＄）	3,306（2013年）
為替レート	1デンマーク・クローネ＝18.03円（2015年3月2日現在）
EUとの関係	1973年：EC加盟，2000年：国民投票でユーロ参加否決

(2) 租税条約の基礎データ

	現行租税条約	原条約等
デンマーク	（第2次条約） （署名）昭和43年2月 （発効）昭和43年7月	（署名）昭和34年3月 （発効）昭和34年4月
日本・デンマーク租税条約の正式名称	「所得に対する租税に関する二重課税の回避のための日本国とデンマーク王国との間の条約」	

(3) 租税条約の条文構成

第1条（適用対象者）	第2条（対象税目）	第3条（一般的定義）
第4条（居住者）	第5条（恒久的施設）	第6条（不動産所得）
第7条（事業所得）	第8条（国際運輸業所得）	第9条（特殊関連企業）
第10条（配当所得）	第11条（利子所得）	第12条（使用料所得）
第13条（譲渡収益）	第14条（自由職業所得）	第15条（給与所得）
第16条（役員報酬）	第17条（芸能人等）	第18条（退職年金）

第19条（政府職員）	第20条（教授）	第21条（学生）
第22条（その他所得）	第23条（二重課税の排除）	第24条（無差別取扱い）
第25条（相互協議）	第26条（情報交換）	第27条（外交官）
第28条（適用拡大）	第29条（発効）	第30条（終了）
議定書	交換公文	

(4) デンマークの税制

法人税率	24.5%（2014年），22%（2016年）
外国法人支店税	24.5%
源泉徴収	配当27%，利子25%，使用料25%
損失の繰戻	なし
損失の繰越	無制限
付加価値税	25%（均一）
個人所得税	最高税率51.7%
遺産税率	15%，25%，36.25%
贈与税率	15%，36.25%

❷ 租税条約の解説

(1) 対象税目（第2条）

　日本は，所得税，法人税及び住民税です。デンマークは，①国税である普通所得税，②地方税である所得税，③老齢年金拠出金，④船員税，⑤特別所得税，⑥教会税，です。

(2) 一般的定義（第3条）

　デンマークには，フェロー諸島，グリーンランドは含まれません。なお，最近，グリーンランド周辺の石油資源等が注目されています。

(3) 居住者（第4条）

本条第2項に個人双方居住者は，双方の締約国による合意により決定することになっています。個人以外のものは，その者の本店又は主たる事務所の所在地の居住者とみなされます。

(4) 恒久的施設（PE）（第5条）

建設工事等は，12か月を超えるとPEとなります。代理人PEは従属代理人と在庫保有代理人です。なお，本条第3項には，次の場合，源泉地国にPEを有すると規定されています。

① 当該他方の締約国における建物工事現場又は建設若しくは組立ての工事に関連して，12か月を超える期間，当該他方の締約国内で監督活動を行う場合

② 第17条にいう芸能人の役務で当該企業のために提供されるものを当該他方の締約国内で提供する事業を行う場合

上記①は，監督活動に係る規定であり，②は芸能法人のことです。また，在庫保有代理人については，本条第5項(b)に次のように規定されています。

「その者が，当該企業によりあらかじめ締結された契約で引き渡すべき数量又は引渡しの日及び場所を確定していないものに従って行われる注文に当該企業に代わって通常応ずるため，当該企業に属する物品又は商品の在庫を当該一方の締約国内に保有する場合」

(5) 事業所得（第7条）

本条の各項は，第1項帰属主義，第2項独立企業の原則，第3項本店配賦経費，第4項所得配分によりPE利得の算定，第5項単純購入非課税の原則，第6項所得計算の継続性，第7項他の規定との関係，です。特に他の租税条約と変わった点はありません。

(6) 国際運輸業所得（第8条）

国際運輸業所得は，相互免除として居住地国のみで課税されます。日本の事業税及びデンマークの資本税は免税です。パススルー事業体による国際運輸業所得の場合，その事業体の所在地国のみの課税ではなく，同事業体の組合員が

源泉地国の居住者の場合，その組合員の持分に相当部分は源泉地国課税となります。

(7) 特殊関連企業（第9条）
対応的調整の規定がありません。

(8) 配当所得（第10条），利子所得（第11条），使用料所得（第12条）
各種所得の限度税率は次のとおりです。

	限度税率
親子間配当（議決権株式の25％以上を12か月保有）	10％
一般配当	15％
利子所得	10％
利子所得（政府・中央銀行等）	免　税
使用料所得	10％

なお，上記の使用料所得の範囲には，船舶・航空機の裸用船契約の料金も含みます。

(9) 譲渡収益（第13条）
株式等の譲渡収益は居住地国課税です。不動産化体株式に係る規定はありません。事業譲渡類似に係る規定は次のとおりです。この要件を満たす場合は源泉地国課税となります。
① 譲渡者が保有し又は所有する株式（他の関係者が保有し又は所有する株式で，譲渡者が保有し又は所有するものとともに合算されるものを含む。）が，当該課税年度中のいずれかの時において，その法人の株式の総数の25％以上であること。
② 譲渡者及び前記の関係者が当該課税年度中に譲渡した株式の総数がその法人の株式の総数の5％以上であること。

(10) 自由職業所得（第14条）
医師，弁護士等の自由職業者の所得は，固定的施設を有する場合にその固定

的施設に帰属する所得についてのみ課税されます。

(11) 給与所得（第15条）
短期滞在者免税は暦年基準で183日ルールです。

(12) 役員報酬（第16条）
法人の所在地国でも課税ができます。

(13) 芸能人等（第17条）
芸能法人等のPE課税については，第5条(b)に規定があります。芸能人等の課税は，その活動を行った国において行うことになります。

(14) 退職年金（第18条）
退職年金は，その受領者の居住地国で課税になります。

(15) 政府職員（第19条）
政府職員に対する報酬は，原則として派遣国において課税となります。ただし，接受国の国民が受領者の場合は接受国で課税です。

(16) 教授（第20条）
2年間滞在地国免税です。

(17) 学生（第21条）
学生及び事業修習者は，生計，教育又は訓練のための国外から支払われる所得等は滞在地国で免税です。

(18) その他所得（第22条）
その他所得は，居住地国課税です。

(19) 二重課税の排除（第23条）
二重課税の排除は税額控除方式です。

⑳ **適用拡大（第28条）**
　デンマークの領域で本条約の適用外となった領域に本条約は適用拡大をすることができます。

㉑ **議定書**
　大陸棚における地下資源開発に係る所得について，規定されています。

㉒ **交換公文**
　①双方居住者（個人）についてはOECDモデル租税条約の振分け規定により解決する。②スカンジナビア航空（デンマーク，ノルウェー，スウェーデン）による利得，③第16条の法人の役員には，デンマークについて，株主代表者委員会の構成員が含まれます。

日本・ドイツ租税条約

① 租税条約の基礎データ

(1) ドイツの概要

国　名	ドイツ連邦共和国　Federal Republic of Germany
人口（万人）	8,094（2014年）
民　族	ゲルマン系を主体とするドイツ民族（在留外国人数670万人）
歴　史	1949年：西ドイツ基本法の成立，西ドイツ，東ドイツの成立 1961年：「ベルリンの壁」構築 1989年11月：「ベルリンの壁」崩壊 1990年10月3日：統一
GDP（億EUR）	24,820
日独貿易	ドイツは日本にとり欧州最大の，また日本はドイツにとって中国に次ぐアジア第2位の貿易相手国です。
通　貨	ユーロ

(2) 租税条約の基礎データ

	現行租税条約	原条約等
ドイツ	（署名）昭和41年4月 （発効）昭和42年6月 （一部改正署名）昭和54年4月 （一部改正発効）昭和55年11月 （一部改正署名）昭和58年2月 （一部改正発効）昭和59年5月 （第2次条約署名）平成27年12月17日（未発効）	同　左
日本・ドイツ租税条約の正式名称	「所得に対する租税及びある種の他の租税に関する二重課税の回避のための日本国とドイツ連邦共和国との間の協定」	

(3) 東西ドイツ統一と租税条約の適用

　日本は，旧東ドイツと租税条約を締結していませんでした。旧西ドイツは旧東ドイツを吸収した形であるため，日本・ドイツ租税条約（以下「日独租税条約」とします。）におけるドイツは，ドイツ連邦共和国基本法（旧西ドイツ憲法）が施行されている領域をいうとなっており，旧東ドイツにもドイツ連邦共和国基本法が施行されたため，日独租税条約は，旧東ドイツの領域にも適用となりました。そのため，統一した年の1990年（平成2年）に日独租税条約は改正されていません。なおこの件に関しては，口上書が交換されています（平成3年3月2日：外務省告示第123号）。

(4) 条約改正

　平成23年12月12日，ベルリンにおいて日独租税条約の改正交渉が始まり，平成27年12月17日に第2次日独租税条約が署名されました。

(5) 租税条約の条文構成

第1条（適用対象者）	第2条（対象税目）	第3条（一般的定義）
第4条（居住者）	第5条（恒久的施設）	第6条（不動産所得）
第7条（事業所得）	第8条（国際運輸業所得）	第9条（特殊関連企業）
第10条（配当所得）	第11条（利子所得）	第12条（使用料所得）
第13条（譲渡収益）	第14条（自由職業所得）	第15条（給与所得）
第16条（役員報酬）	第17条（芸能人等）	第18条（退職年金）
第19条（政府職員）	第20条（教授）	第21条（学生）
第22条（その他所得）	第22条のA（その他所得課税に係る所得源泉ルール）	第23条（二重課税の排除）
第24条（無差別取扱い）	第25条（相互協議）	第26条（情報交換）
第27条（外交官）	第28条（ベルリンへの適用）	第29条（発効）
第30条（終了）	議定書・交換公文	

（議定書）

　① 昭和55年10月20日条約第34号（全8条）（西ドイツとの租税協定修正補

足議定書）
② 昭和59年4月16日条約第2号（全5条）（西ドイツとの租税協定修正補足第2議定書）
（交換公文）
　昭和41年4月　交換公文（1から9）

(6) ドイツの税制

法人税率	15%（2008年以降）
連帯付加税	5.5%（法人税と合わせて15.825%）
地方事業税	14%
外国法人支店税	15%
源泉徴収	配当25%，利子0%，使用料15%
支店送金税	なし
損失の繰戻	1年
損失の繰越	無制限
付加価値税	19%（標準税率）
個人所得税	最高税率42%
遺産税・贈与税の統合税率	30%，43%，50%（係累により3種類に分類）

② 租税条約の解説

　平成23年12月12日より，租税条約の改正交渉が開始され，平成27年12月17日に第2次日独租税条約（以下「改正租税条約」という。）が署名されました。改正租税条約については，以下③で解説します。

(1) 対象税目（第2条）

　日本は，所得税，法人税，住民税，事業税です。ドイツでは所得税，法人税，営業税，財産税が条約の対象とされている。

(2) **居住者（第4条・交換公文2）**

　双方居住者は，個人及び法人ともに両国の権限ある当局の合意により振り分けることになりますが，交換公文2により，OECDモデル租税条約第4条第2項の個人の双方居住者の振分け規定を考慮して合意することになっています。

(3) **恒久的施設（PE）（第5条・交換公文3）**

　建設工事及び建設工事監督等は，12か月超がPEとなります。代理人については，従属代理人のみがPEとなります。

(4) **事業所得（第7条）**

　本条の各項は，第1項帰属主義，第2項独立企業の原則，第3項本店配賦経費，第4項所得配分によりPE利得の算定，第5項単純購入非課税の原則，第6項所得計算の継続性，第8項他の規定との関係，です。以上の点は，特に他の租税条約と変わった点はなく，基本7項型です。ただし，第7項では，この条の規定の適用上，連邦共和国において施行されている法令によりその地位を与えられた合名組合（OHG），又は合資組合（KG）で連邦共和国に本店は主たる事務所を有するものは，連邦共和国の居住者である法人格を有する団体として取り扱われることになります。ドイツでは，上述の合名組合及び合資組合はパートナーシップ形態として法人とはみなされないことから，ここに確認的な規定を置いたものと思われます。

(5) **国際運輸業所得（第8条）**

　国際運輸業所得は相互免税で，居住地国課税です。ドイツの企業が所有する船舶，航空機，コンテナ及びその運送のための関連設備については，日本の固定資産税が免除されます。また，コンテナ及びその運送のための関連設備の賃貸からの所得については，源泉地国免税となります。

(6) **特殊関連企業（第9条）**

　対応的調整に係る規定はありません。

(7) **配当所得（第10条・交換公文4，5），利子所得（第11条・交換公文6），使用料所得（第12条・交換公文7，8）**
各種所得の限度税率は次のとおりです。

	限度税率
親子間配当（議決権株式の25％以上を12か月を通じて直接間接に保有）	10％（日本），15％（ドイツ）
一般配当	15％
利子所得	10％
利子所得（政府・中央銀行等）	免　税
使用料所得	10％

交換公文5に，ドイツにおける投資信託受益証券に対する分配金が含まれることが規定されています。

また，配当には，匿名組合員が匿名組合員として取得する所得を含みます（第10条第5項）。さらに，昭和55年10月20日条約第34号（全8条）（西ドイツとの租税協定修正補足議定書では，「配当」は，利得の分配を受ける権利を有する貸付けから生じた所得が，支払を行う法人が居住者である締約国の税法上株式から生ずる所得と同様に取り扱われる場合にはその所得を含み，課税されることが了解されています。

(8) **譲渡収益（第13条，交換公文8）**
原則としては居住地国課税ですが，特許権その他これに類する財産の真正な，かつ，いかなる権利をも譲渡人に残さない譲渡から生じる収益についてのみ第13条の適用となります。不動産化体株式等の係る規定はありません。

(9) **自由職業所得（第14条）**
弁護士等の自由職業者は，源泉地国に事務所等の固定的施設を有する場合，その固定的施設に帰せられる部分についてのみ課税となります。

(10) **給与所得（第15条）**
短期滞在者免税の183日ルールは暦年基準です。

(11) **役員報酬（第16条・交換公文9）**

　役員報酬は，法人の居住地国で課税することができます。ドイツにおける役員には，ドイツの株式会社の取締役会及び監査役会並びにドイツの有限責任会社のこれらに相当する役員会の構成員並びに当該有限責任会社の業務執行者が含まれます。

(12) **芸能人等（第17条）**

　芸能人等は，その活動した国において課税となります。また，芸能法人等により役務提供された場合，芸能人等が直接又は間接に当該企業を支配しているときは，その企業が取得する所得は芸能人等が活動した国において課税となります。

(13) **退職年金（第18条）**

　退職年金はその受け取る者の居住地国で課税です。

(14) **政府職員（第19条）**

　政府職員に対する報酬は，派遣国で課税です。

(15) **教授（第20条）**

　教育又は研究を目的とする教授は，教育・研究の報酬について滞在期間2年以内は免税です。

(16) **学生・事業修習者（第21条）**

　生計，教育又は訓練のための国外支払分は免税です。期間，所得に対する制限規定はありません。

(17) **その他所得（第22条）**

　本条約に明定なき所得は，居住地国課税です。

(18) **その他所得課税に係る所得源泉ルール（第22条のA）**

　この規定は，その他所得課税に係る補正としての所得源泉ルールで以下の①

から④までに規定されています。
① 一方の締約国の居住者が所有し，かつ，他方の締約国に存在するものに対しては，当該他方の締約国において租税を課することができます。
② 一方の締約国の企業が他方の締約国内に有するPEの事業用資産の一部をなす動産（不動産以外の財産）又は一方の締約国の居住者が自由職業を行うため他方の締約国において使用することができる固定的施設に係る動産である財産に対しては，当該他方の締約国において租税を課することができます。
③ 一方の締約国の企業が所有し，かつ，国際運輸に運用する船舶若しくは航空機又はこれらの船舶若しくは航空機の運用に係る動産である財産については，他方の締約国の租税が免除されます。
④ 一方の締約国の居住者が所有するその他のすべての財産については，他方の締約国の租税が免除されます。

(19) 二重課税の排除方法（第23条）

ドイツの国内法では，ドイツ法人の課税所得に含まれる国外源泉所得に係る外国法人税等について，外国税額控除が認められていますが，ドイツの租税条約の多くは，事業所得について国外所得免税方式を採用しているため，租税条約の相手国で生じた国外源泉所得は，ドイツでは課税されず外国税額控除の対象にはなりません。ただし，投資所得については税額控除方式が採用されています。

(20) 相互協議（第25条）

申立て期間等に関する規定はありません。

(21) 情報交換（第26条）

租税条約の実施のために必要な情報のみが交換されます。

(22) 外交官（第27条）

租税条約の規定は外交官等の租税上の特権に影響を及ぼすものではありません。

⑳　ベルリンへの適用（第28条）

本条約が署名されたのが，昭和41年（1966年）であることから，当時は，東西ドイツが分離していたので，ベルリンへの適用を特に規定したものと思われます。

❸　改正租税条約の解説

(1)　改正の主要ポイント

改正租税条約の主たる改正ポイントは次のとおりです。

① 投資所得（配当，利子，使用料）に関する限度税率が引き下げられました。
② 事業利得条項に OECD モデル租税条約と同様に AOA の規定を採用しました。
③ 相互協議に仲裁規定が創設され，情報交換，徴収共助に係る規定が拡大されました。
④ 租税条約の濫用を防止する特典制限に LOB（特典制限条項），PPT（主たる目的テスト）等が規定されました。

(2)　新協定の条文構成

改正租税条約の条文構成と各条の見出しは次のとおりです。

第1条（対象となる者）	第2条（対象となる租税）	第3条（一般的定義）
第4条（居住者）	第5条（恒久的施設）	第6条（不動産所得）
第7条（事業利得）	第8条（海上運送及び航空運送）	第9条（関連企業）
第10条（配当）	第11条（利子）	第12条（使用料）
第13条（譲渡収益）	第14条（給与所得）	第15条（役員報酬）
第16条（芸能人及び運動家）	第17条（退職年金その他これに類する給付）	第18条（政府職員）
第19条（学生）	第20条（その他所得）	第21条（特典を受ける権利）

第22条（二重課税の除去）	第23条（無差別待遇）	第24条（相互協議手続）
第25条（情報の交換）	第26条（租税の徴収における支援）	第27条（源泉課税に関する手続規則）
第28条（外交使節団及び領事機関の構成員）	第29条（見出し）	第30条（議定書）
第31条（効力発生）	第32条（終了）	議定書1～12

(3) 改正の意義

　本改正に係る交渉の時期が，OECDにおける租税回避防止活動のBEPS（税源浸食と利益移転）に係る検討の期間と重なり，かつ，租税条約の領域では，日本が平成25年12月に一部改正署名をした日英租税条約の事業利得条項に取り入れられたAOA（OECD承認アプローチ）の採用，投資所得の減免，特典制限に係る規定の導入，相互協議における仲裁の手続の導入，情報交換及び徴収共助の拡大等，新たな規定を設けることで，改正租税条約は，日本の租税条約における最新型という位置付けになりました。

(4) 条文構成の改正

　現租税条約は，第14条に自由職業所得，第20条に教授に係る規定が置かれていますが，改正租税条約では，これらの条項は削除されています。また，現租税条約には，第22条のAに「その他所得課税に係る所得源泉ルール」，第28条に「ベルリンへの適用」の規定がありますが，これらも改正租税条約では削除されています。改正租税条約には，現租税条約にはない規定として，第21条（特典を受ける権利），第26条（租税の徴収における支援），第27条（源泉課税に関する手続規則）が新たに規定されています。

(5) 対象となる者（第1条）

　一方の国で事業体自身が納税主体とならずにその構成員に課税するパススルー課税で，他方の国で法人として扱われる事業体をハイブリッド・エンティティといいますが，このような事業体については，日米租税条約等において詳細

な規定が設けられています。改正租税条約は，このようなパススルー事業体の扱いについては，日米或いは日英租税条約のように居住者条項（第4条）に規定するのではなく，本条に規定が置かれています。

条文上は，全面的に若しくは部分的に課税上存在しないものとして取り扱われる団体（wholly or partly fiscally transparent）等が取得した所得は，居住者の所得として扱われるものについてのみその国において課税対象となることが規定されています。この規定は，改正租税条約と同時期に公表された日本と台湾の民間団体により署名された「日台民間租税取決め」の第1条第2項と同様の規定振りです。

(6) 対象となる租税（第2条）（議定書1）

現租税条約も同様ですが，対象税目に双方の国の地方税が規定されています。現租税条約のドイツの租税には，所得税，法人税，営業税，財産税が対象税目とされていますが，改正租税条約では，財産税が外れて連帯付加税が規定されています。改正租税条約における日本の対象税目は，所得税，法人税，復興特別所得税，地方法人税，住民税，事業税です。

(7) 居住者（第4条）（議定書2）

現租税条約では，双方居住者は，個人及び法人ともに両国の権限ある当局の合意により振り分けることに規定され，交換公文2により，OECDモデル租税条約第4条第2項の個人の双方居住者の振分け規定を考慮して合意することになっていますが，新協定では本条第2項に個人の双方居住者の振分け規定があり，個人以外の場合は，本条第3項により，実質的管理の場所或いは本店所在地等を考慮して権限ある当局の合意によることになっています。

(8) 恒久的施設（PE）（第5条）

本条は，PEに関する規定ですが，日本が締結している他の租税条約とほぼ同じ内容であり，建設PEは指揮監督を含まず建設等が12か月を超えるとPEとなります。

(9) 事業利得（第7条）

平成25年1月に一部改正の署名をした日米租税条約（現在未発効）は，古い形の事業所得に係る規定ですが，平成25年12月に一部改正した現行日英租税条約は，事業利得条項に，OECDモデル租税条約が採用した新しい規定であるAOAを採用しています。このAOAの規定は，これまで認識してこなかった本支店間の内部取引を所得として認識する等の新しい内容ですが，本条は日本の租税条約としては2番目にこの規定を採用したことになります。結果として，単純購入非課税の原則等の規定は廃止される一方，平成26年度税制改正により国内法を帰属主義に変更している日本は，国内法と新協定の内容が一致することになりました。

(10) 海上運送及び航空運送（第8条）

国際運輸を営む企業の利得は，その企業の居住地国で課税となります。

(11) 関連企業（第9条）

移転価格税制の適用による更正期限は，通常10年であり，日米租税条約の7年より長くなっています。

(12) 投資所得（配当，利子，使用料）（議定書4）

現行租税条約と改正租税条約の投資所得に係る限度税率の比較は次のとおりです。

	現行租税条約	改正租税条約
親子間配当	（持株割合25％以上・保有期間12か月）10％（日本の場合）	（持株割合25％以上・保有期間18か月以上）免税 （持株割合10％以上・保有期間6か月以上）5％
一般配当	15％	15％
利子	10％（政府・中央銀行等：免税）	免税
使用料	10％	免税

現行租税条約における配当には，匿名組合員が匿名組合員として取得する所

得が含まれていますが（第10条第5項），改正租税条約議定書4では，日本は，匿名組合契約その他これに類する契約に関連して匿名組合員が取得する所得又は収益を課税し，ドイツでは，当該所得が，利得の分配を受ける権利若しくは信用に係る債権から生ずる所得（匿名組合員として取得する所得を含む。）を課税できることが規定されています。また，日本は，課税所得の計算上受益者に対して支払う配当を控除することができる法人によって支払われる配当について国内法により課税できることが規定されています。なお，免税とならない利子としては，日本では，議定書4(a)(ii)に規定する利益等連動型利子，ドイツでは，利率が債務者の利得に連動する貸付けから生ずる所得又はドイツ連邦共和国の租税に関する法令に規定する利益分配型債券から生ずる所得で，かつ，当該所得に係る債務者の利得の決定に当たり，当該所得が控除できるものである場合，ドイツ国内法により課税となります。

(13) 譲渡収益（第13条）

本条第2項に，資産の価値の50％以上が第6条に規定する不動産であって他方の締約国内に存在するものにより直接又は間接に構成される法人，組合又は信託財産の株式又は持分の譲渡によって取得する収益に対しては，当該他方の締約国において租税を課することができる，という不動産化体株式の規定が新設されました。なお，株式等の譲渡収益は居住地国課税です。

(14) 給与所得（第14条）

本条第2項の短期滞在者免税の規定が，現租税条約の暦年からいずれかの12か月の期間を基準とするOECDモデル租税条約タイプの規定に改正されました。

(15) 役員報酬（第15条）

平成25年1月に一部改正署名をした日米租税条約（未発効）では，新規定の役員報酬と同様の規定ですが，和文の表記を「役員の資格」から「取締役の構成員の資格」に訂正しています。本条は，正文の英文表記が上記の日米租税条約と同じですが，和文訳は改正前の「役員の資格」を使用しています。

⒃ 芸能人及び運動家（第16条）

新租税条約は第2項の規定が改正され，芸能法人等に所得が帰属し，芸能人及び運動家がその使用人となる場合もその所得は役務提供をした源泉地国の課税となることが規定されています。

⒄ その他所得（第20条）

その他所得は，居住地国課税です。

⒅ 特典を受ける権利（第21条）（議定書6，7）

租税条約の濫用防止規定としては，1977年OECDモデル租税条約改訂版において採用された真の所得帰属者である受益者に租税上の特典を与えるという受益者概念，1977年米国モデル租税条約以降米国において発展した特典制限条項（Limitation on benefits rule：LOBルール），そして，「この条の特典を受けることを当該権利の設定又は移転の主たる目的の全部又は一部とする場合には，この条に定める租税の軽減又は免除は与えられない。」という欧州型の規定（principal purposes test：PPT）があります。

BEPS課題2の勧告におけるLOBルールとPPTの関連について，OECDの見解では，LOBが多くの場合適用となりますが，パススルー事業体のような場合，LOBでは防止することができない事態もあることから，より一般的な濫用防止規定としてPPTテストを設けるとしています。新租税条約は，上記3つの濫用防止規定が新設されています。本条第9項及び議定書7に，新協定は日本のタックスヘイブン対策税制を制限しないことが規定されています。

⒆ 二重課税の除去（第22条）（議定書8）

ドイツ居住者の課税所得に含まれる国外源泉所得に係る外国法人税等については外国税額控除が認められていますが，ドイツの租税条約の多くは，事業所得について国外所得免税方式を採用しているため，外国税額控除の対象となるのは国外源泉所得である投資所得となります。また，控除限度額については国別及び項目別控除限度額の方式が採用されています。本条は，主としてドイツ側の規定が詳細です。

⒇　相互協議手続（第24条）（議定書10）

　本条第5項及び議定書10に仲裁規定が創設されました。仲裁規定は，改正租税条約が発効して適用となる場合，仲裁の実施取決めが新たに規定されてその詳細が明らかになります。
　仲裁は，相互協議開始の協議の申立てをした日から2年以内に，両締約国の権限ある当局が当該事案を解決するための合意に達することができない場合において，当該者が要請するときは，当該事案の未解決の事項が，仲裁に付託されることになります。また，仲裁の要請から2年以内に仲裁決定が実施されることを確保するための手続を定めてそれに従うための最善の努力を払うとしています。

(21)　情報の交換（第25条）（議定書11，12）

　改正租税条約では，情報交換の適用範囲が金融情報を含むものに拡大していますが，議定書12では，一方の締約国が受領した情報が，租税以外の事案に関する刑事手続において当該一方の締約国が証拠等として使用するために必要とされる場合，当該一方の締約国は，当該情報を裁判所又は裁判官により行われる租税以外の事案に関する刑事手続において証拠等として使用するため，2009年11月30日にブリュッセルで，及び2009年12月15日に東京で署名された「刑事に関する共助に関する日本国と欧州連合との間の協定」に従って共助の要請を行うことが規定されています。

(22)　租税の徴収における支援（第26条）

　この規定は，租税債権の徴収について，条約相手国の租税債権についてその負担すべき者から自国内においてその租税債権を徴収するという，いわゆる国際的租税徴収システムのことです。

(23)　源泉課税に関する手続規則（第27条）

　租税条約に定める投資所得に係る限度税率の適用については，源泉徴収の段階で限度税率を適用する方式の国（例えば，日本，米国等）と，当初は国内法に定める非居住者に対する源泉徴収税率で課税をして，その後に申請等の手続により，国内法の税率と限度税率との差額相当額を還付する方式があります。

ドイツはこの後者の方式ですので，本条にその手続規則が定められています。

⑳ 3つの租税回避否認規定

改正租税条約では，LOB，PPT 以外に，第21条第9項に次の規定があります。

> 9 この協定の規定は，租税回避又は脱税を防止するための一方の締約国の法令の規定の適用をいかなる態様においても制限するものと解してはならない。ただし，これらの規定がこの協定の目的に適合する場合に限る。

改正租税条約と同時期に署名された租税条約に，独豪租税協定があり（平成27年12月11日署名），同協定の第23条が特典制限条項（LOB）の規定です。その第1項は，居住地国免税となる個人について，源泉地国において協定上の救済を与えないという内容です。第2項は PPT の規定です。第3項は，次のとおりです。

> 3 この協定の規定は，脱税或いは租税回避の防止を意図した一方の締約国の法令の適用を制限するものではない。当該規定の適用の結果として二重課税が生じた場合，権限ある当局は，第25条第3項に規定する二重課税排除のための相互協議を行う。

独豪租税協定の議定書7は，上記の第3項の規定及び第25条第5項の適用上，脱税或いは租税回避の防止を意図した一方の締約国の法令は次のものを含むことになっています。
① 租税協定の不適切な使用を防止することを意図した対策
② 過少資本，配当による利益流出（dividend stripping），移転価格への対策
③ 豪州の場合，タックスヘイブン対策税制，オフショアトラスト，外国投資ファンドのルール
④ 租税徴収に係る対策

⑵5　**まとめ**

　改正租税条約は，免税となる親子間配当の所有期間が18か月と長いのが気になりますが，米独租税条約における免税親子間配当の要件が所有要件80％で12か月所有期間からすると，所有要件が25％の規定は日独双方の企業にとって有利な規定ということになります。

日本・ノルウェー租税条約

❶ 租税条約の基礎データ

(1) ノルウェーの概要

国　名	ノルウェー王国　Kingdom of Norway
人口（万人）	515（2015年1月）
言　語	ノルウェー語
EUとの関係	非加盟国
GDP（億US＄）	4,998（2014年）
主要貿易相手国	輸出：英国，ドイツ，オランダ 輸入：スウェーデン，ドイツ，中国
貿易品目	輸出：原油・ガス・石油製品，水産物，アルミニウム 輸入：乗用車，石油製品，ニッケルの原料
為替レート	1クローネ≒16.78円（2014年平均）

(2) 租税条約の基礎データ

	現行租税条約	原条約等
ノルウェー	（第3次条約） （署名）平成4年3月 （発効）平成4年12月	（署名）昭和34年2月 （発効）昭和34年9月 （第2次条約） （署名）昭和42年5月 （発効）昭和43年10月
日本・ノルウェー租税条約の正式名称	「所得に対する租税に関する二重課税の回避及び脱税の防止のための日本国とノルウェー王国との間の条約」	

(3) 租税条約の条文構成

第1条（適用対象者）	第2条（対象税目）	第3条（一般的定義）
第4条（居住者）	第5条（恒久的施設）	第6条（不動産所得）
第7条（事業所得）	第8条（国際運輸業所得）	第9条（特殊関連企業）
第10条（配当所得）	第11条（利子所得）	第12条（使用料所得）
第13条（譲渡収益）	第14条（自由職業所得）	第15条（給与所得）
第16条（役員報酬）	第17条（芸能人等）	第18条（退職年金）
第19条（政府職員）	第20条（学生）	第21条（天然資源の探査又は開発に関連する活動に係る所得）
第22条（その他所得）	第23条（二重課税の排除）	第24条（無差別取扱い）
第25条（相互協議）	第26条（情報交換）	第27条（徴収共助）
第28条（外交官）	第29条（発効）	第30条（終了）
議定書	交換公文	

(4) ノルウェーの税制

法人税率	27%（2014年1月以降）
外国法人支店税	27%（同上）
源泉徴収	配当25%，利子0%，使用料0%
支店送金税	なし
損失の繰戻	なし
損失の繰越	無制限
付加価値税	25%（標準税率）
個人所得（二元的所得税制）	勤労所得最高税率12%，通常所得最高税率：28%
遺産税・贈与税	最高税率（10%，15%：係累により異なる）

2 租税条約の解説

(1) 対象税目（第2条）

日本は，所得税，法人税及び住民税です。ノルウェーでは，①国税である所得税，②県税である所得税，③市税である所得税，④国税である租税平衡基金に対する分担金，⑤海底の石油資源及び開発並びにこれらの関連する活動及び作業についての国税である所得税，⑤国税である非居住者芸能人の報酬に対する賦課金，です。

(2) 一般的定義（第3条）

地理的意味でいうノルウェーには，スヴァールバル，ヤン・マイエン島は含まれません。

(3) 居住者（第4条）

本条第2項に個人双方居住者の振分け規定があります。個人以外のものは，両締約国の権限ある当局の合意により決定します。

(4) 恒久的施設（PE）（第5条）

建設工事等，これらの関連する監督，コンサルタントの活動は，12か月を超えるとPEとなります。代理人PEは従属代理人です。

(5) 事業所得（第7条）

本条の各項は，第1項帰属主義，第2項独立企業の原則，第3項本店配賦経費，第4項所得配分によりPE利得の算定，第5項単純購入非課税の原則，第6項所得計算の継続性，第7項他の規定との関係，の基本7項型です。

(6) 国際運輸業所得（第8条）

国際運輸業所得は，相互免除として居住地国のみで課税されます。日本の事業税及びノルウェーの資本税は免税です。コンテナ及びその運送のための関連設備の仕様から取得する所得は，その企業の居住地国で課税になります。

(7) 特殊関連企業（第9条）

対応的調整の規定があります。

(8) 配当所得（第10条），利子所得（第11条），使用料所得（第12条）

各種所得の限度税率は次のとおりです。

	限度税率
親子間配当（議決権株式の25％以上を6か月保有）	5％
一般配当	15％
利子所得	10％
利子所得（政府・中央銀行等）	免　税
使用料所得	10％

(9) 譲渡収益（第13条・交換公文2）

株式等の譲渡収益は源泉地国も課税することができます。不動産化体株式に係る規定はありません。船舶，航空機，国際運輸に使用するコンテナ及びその運送のための関連設備の譲渡収益は，企業の所在地国のみで課税です。

(10) 自由職業所得（第14条）

医師，弁護士等の自由職業者の所得は，源泉地国において固定的施設を有せず，かつ，継続する12か月の期間に183日を超えて滞在しない限り課税になりません。課税の場合は，その固定的施設に帰属する所得についてのみ課税されます。

(11) 給与所得（第15条）

短期滞在者免税の183日ルールは，OECD モデル租税条約と同様のいずれかの12か月の期間が基準です。

(12) 役員報酬（第16条・交換公文3）

法人の所在地国でも課税ができます。

⑬ 芸能人等（第17条）

芸能法人等のPE課税については，第5条(b)に規定があります。芸能人等の課税は，その活動を行った国において行うことになります。もっとも，そのような活動が両締約国の政府の間で合意された文化交流のための特別の計画に基づき他方の締約国の居住者である個人により行われる活動であって，いずれかの締約国の地方政府若しくは地方公共団体の公的資金又はいずれかの締約国の特別の法人若しくは非営利団体の資金により実質的に賄われたものから生じ，かつ，当該所得については，源泉地国免税です。

⑭ 退職年金（第18条）

退職年金は，その受領者の居住地国で課税になります。

⑮ 政府職員（第19条）

政府職員に対する報酬は，原則として派遣国において課税となります。ただし，接受国の国民が受領者の場合は接受国で課税です。

⑯ 学生（第20条）

学生及び事業修習者は，生計，教育又は訓練のための国外から支払われる所得等は滞在地国で免税です。

⑰ 天然資源からの所得（第21条）

この条文は対ノルウェー租税条約における特徴となる条項です。

第2項では，源泉地国の海底等における天然資源の探査又は開発を行う者は，この活動に関して源泉地国にPEを有し，かつ，このPEを通じて事業を行うものとされます。ただし，その活動期間が継続する12か月のうち，合計30日を超えない期間の場合は課税になりません。なお，この30日の判定をする場合，親子会社，親会社と孫会社，姉妹会社等の関係会社の関連する活動は，対象となる企業活動とみなされます。

第3項は，天然資源の探査等を行う者の給与所得について規定しています。この場合，勤務の期間が暦年で合計30日を超える場合源泉地国において課税となります。この探査の地点までの船舶，航空機に勤務する者の給与については，

これらの船舶等を運用する企業の居住地国で課税となります。

⒅　その他所得（第22条）
その他所得は，源泉地国課税です。

⒆　二重課税の排除（第23条）
二重課税の排除は税額控除方式です。

⒇　無差別取扱い（第24条），相互協議（第25条），情報交換（第26条）
相互協議の申立て期限は措置通知の日から3年以内です。

㉑　徴収共助（第27条）

㉒　外交官（第28条），発効（第29条），終了（第30条）

㉓　議定書
①事業所得の範囲（事業設備の使用の対価等），②スカンジナビア航空（ノルウェー，デンマーク，スウェーデン3か国共同）に勤務するノルウェー居住者の給与所得はノルウェーで課税となります。

㉔　交換公文
①スカンジナビア航空（デンマーク，ノルウェー，スウェーデン）による利得はノルウェー航空会社が同事業体につき有する持分に比例して割り当てられた所得，②海底資源に係る株式譲渡が源泉地国課税であることの確認，③第16条の法人の役員には，ノルウェーについて，株主代表者委員会又は株主従業員共同総会の構成員が含まれます。

日本・ハンガリー租税条約

❶ 租税条約の基礎データ

(1) ハンガリーの概要

国　名	ハンガリー　Hungary
人口（万人）	990（2014年）
民　族	ハンガリー人86％，ロマ人3.2％，ドイツ人1.9％等（2011年国勢調査）
言　語	ハンガリー語
GDP（億US＄）	1,348（2014年）
EU加盟	2004年5月
為替レート	1フォリント＝0.46円（2014年10月末，ハンガリー国立銀行）

(2) 租税条約の基礎データ

	現行租税条約	原条約等
ハンガリー	（署名）昭和55年2月 （発効）昭和55年10月	同　左
日本・ハンガリー租税条約の正式名称	「所得に対する租税に関する二重課税の回避のための日本国とハンガリー人民共和国との間の条約」	

(3) 租税条約の条文構成

第1条（適用対象者）	第2条（対象税目）	第3条（一般的定義）
第4条（居住者）	第5条（恒久的施設）	第6条（不動産所得）
第7条（事業所得）	第8条（国際運輸業所得）	第9条（特殊関連企業）
第10条（配当所得）	第11条（利子所得）	第12条（使用料所得）
第13条（譲渡収益）	第14条（自由職業所得）	第15条（給与所得）

第16条（役員報酬）	第17条（芸能人等）	第18条（退職年金）
第19条（政府職員）	第20条（教授）	第21条（学生）
第22条（その他所得）	第23条（二重課税の排除）	第24条（無差別取扱い）
第25条（相互協議）	第26条（情報交換）	第27条（外交官）
第28条（発効）	第29条（終了）	交換公文1から5

(4) ハンガリーの税制

法人税率	19%（基本税率）
外国法人支店税	19%
源泉徴収	配当・利子・使用料，法人への支払は0％，配当と利子16％（個人）
損失の繰戻	なし
損失の繰越	無制限
付加価値税	27%（標準税率）
個人所得の実効税率	16%（単一税率：2013年1月以降）
遺産税・贈与税	最高税率40%

2 租税条約の解説

(1) 対象税目（第2条）

　日本は，所得税，法人税及び住民税です。ハンガリーは，所得税，利得税，特別法人税，所得税を基礎として課される地域開発分担金，営利法人による配当及び利得の分配に対する税，です。

(2) 居住者（第4条・交換公文1）

　本条第2項に個人双方居住者は，双方の締約国による合意により決定することになっています。個人以外のものは，その者の本店又は主たる事務所の所在地の居住者とみなされます。交換公文1では，OECDモデル租税条約に規定する個人の双方居住者の振分け規定があり，この振分け規定を考慮に入れて合意

により解決することになっています。

(3) 恒久的施設（PE）（第5条・交換公文2）

建設工事等は，12か月を超えるとPEとなります。代理人PEは従属代理人のみです。交換公文2により，第5条に規定する「事業を行う一定の場所」には，生産を行う場所を含むことが了解されています。

(4) 事業所得（第7条・交換公文3）

本条の各項は，第1項帰属主義，第2項独立企業の原則，第3項本店配賦経費，第4項所得配分によりPE利得の算定，第5項単純購入非課税の原則，第6項所得計算の継続性，第7項他の規定との関係，の基本7項型です。また，交換公文3により，PEが自己の利用のために単に物品又は商品の引渡しを受けたことを理由として，いかなる利得もそのPEに帰せられることはないことが了解されています。

(5) 国際運輸業所得（第8条・交換公文4）

国際運輸業所得は，相互免除として居住地国のみで課税されます。日本の事業税及びハンガリーで今後課されるであろう事業税類似の税は免税です。本条の規定は，国際運輸業を営む企業が他方の締約国にPEを有する場合にも適用され，国際運輸業に関連した補助的な活動によって取得する利得にも適用されます。

(6) 特殊関連企業（第9条）

対応的調整の規定がありません。

(7) 配当所得（第10条），利子所得（第11条），使用料所得（第12条）

各種所得の限度税率は次のとおりです。

	限度税率
配当（親子間配当の規定はありません。）	10%
利子所得	10%

利子所得（政府・中央銀行等）	免　税
使用料所得（工業的使用料）	10%
使用料所得（文化的使用料）	免　税

　「工業的使用料」と「文化的使用料」は，対スロバキア条約等に説明があります。

(8)　譲渡収益（第13条）

　株式等の譲渡収益は居住地国課税です。不動産化体株式，事業譲渡類似の譲渡収益に係る規定はありません。

(9)　自由職業所得（第14条）

　医師，弁護士等の自由職業者の所得は，固定的施設を有する場合にその固定的施設に帰属する所得についてのみ課税されます。

(10)　給与所得（第15条）

　短期滞在者免税は暦年基準で183日ルールです。

(11)　役員報酬（第16条・交換公文5）

　法人の所在地国でも課税ができます。この法人の役員には，ハンガリー法人の監査役が含まれます。

(12)　芸能人等（第17条）

　芸能法人等のPE課税については，第6条に規定があります。芸能人等の課税は，その活動を行った国において行うことになります。もっとも，そのような活動が両締約国の政府の間で合意された文化交流のための特別の計画に基づき他方の締約国の居住者である個人により行われる場合には，その所得については，そのような活動が行われた締約国において租税が免除されます。

(13)　退職年金（第18条）

　退職年金及び保険年金は，その受領者の居住地国で課税になります。

⒁　政府職員（第19条）

　政府職員に対する報酬は，原則として派遣国において課税となります。ただし，接受国の国民が受領者の場合は接受国で課税です。

⒂　教授（第20条）

　2年間滞在地国免税です。

⒃　学生（第21条）

　学生及び事業修習者は次の場合，5課税年度間租税が免除されます。
　①　当該一方の締約国内の大学その他の公認された教育機関において勉学をすること。
　②　職業上の資格に必要な訓練を受けること。
　③　政府又は学術，慈善，文芸若しくは教育の団体等の非営利団体からの交付金，手当又は奨励金の受領者として勉学又は研究をすること。
　上記②の場合に課税免除となる給付は，次のものです。
　①　生計，教育，勉学，研究又は訓練のための海外からの送金
　②　交付金，手当又は奨励金
　③　当該一方の締約国内で提供する人的役務によって取得する所得であって1課税年度において合計60万日本円又はハンガリー・フォリントによるその相当額を超えないもの

⒄　その他所得（第22条）

　その他所得は，居住地国課税です。

⒅　二重課税の排除（第23条）

　二重課税の排除は税額控除方式です。みなし外国税額控除の規定はありません。

⒆　無差別取扱い（第24条），相互協議（第25条）

　相互協議の申立て期限は措置の最初の通知の日から3年以内です。

日本・フィンランド租税条約

① 租税条約の基礎データ

(1) フィンランドの概要

国 名	フィンランド共和国　Republic of Finland
人口（万人）	547（2015年）
言 語	フィンランド語，スウェーデン語（全人口の5.4%）
EU	1995年 EU 加盟，2002年ユーロ導入
GDP（億US＄）	2,711（2014年）
主要貿易相手国	輸出：スウェーデン11.6%，ドイツ9.7%，ロシア9.6%，米国6.4%，オランダ6.2% 輸入：ロシア18.1%，ドイツ12.6%，スウェーデン11.5%，中国6.3%，オランダ5.8%
通 貨	ユーロ

(2) 租税条約の基礎データ

	現行租税条約	原条約等
フィンランド	（署名）昭和47年2月 （発効）昭和47年12月 （一部改正署名）平成3年3月 （一部改正発効）平成3年12月	（同　左）
日本・フィンランド租税条約の正式名称	「所得に対する租税に関する二重課税の回避及び脱税の防止のための日本国とフィンランド共和国との間の条約」	

(3) 租税条約の条文構成

第1条（適用対象者）	第2条（対象税目）	第3条（一般的定義）
第4条（居住者）	第5条（恒久的施設）	第6条（不動産所得）

第7条（事業所得）	第8条（国際運輸業所得）	第9条（特殊関連企業）
第10条（配当所得）	第11条（利子所得）	第12条（使用料所得）
第13条（譲渡収益）	第14条（自由職業所得）	第15条（給与所得）
第16条（役員報酬）	第17条（芸能人等）	第18条（退職年金）
第19条（政府職員）	第20条（教授）	第21条（学生）
第22条（その他所得）	第23条（二重課税の排除）	第24条（無差別取扱い）
第25条（相互協議）	第26条（情報交換）	第27条（徴収共助）
第28条（外交官）	第29条（発効）	第30条（終了）
改正のための議定書	交換公文	

(4) フィンランドの税制

法人税率	20％
外国法人支店税	20％
源泉徴収	配当0％，15％，20％，利子20％，使用料20％
支店送金税	なし
損失の繰戻	なし
損失の繰越	10年
付加価値税	24％
個人所得税	最高税率31.75％
遺産税	最高税率19％，36％
贈与税	最高税率19％，35％：係累により異なる

❷ 租税条約の解説

(1) 対象税目（第2条）

　日本は，所得税，法人税及び住民税です。フィンランドでは，①国税である所得税，②地方税である所得税，③教会税，④非居住者の所得に対する源泉徴収税（改正前は船員税が対象税目でした。）です。

(2) 居住者（第4条・交換公文）

本条第2項に個人双方居住者は，合意により判定します。個人以外のものは，その者の本店又は主たる事務所の存在する締約国の居住者とみなします。個人の双方居住者については，1963年制定のOECDモデル租税条約草案に規定のある個人の双方居住者の振分け規定を考慮することになっています。

(3) 恒久的施設（PE）（第5条）

建設工事等は，12か月を超えるとPEとなります。代理人PEは従属代理人です。

(4) 事業所得（第7条）

本条の各項は，第1項帰属主義，第2項独立企業の原則，第3項本店配賦経費，第4項所得配分によりPE利得の算定，第5項単純購入非課税の原則，第6項所得計算の継続性，第7項他の規定との関係，の基本7項型です。

(5) 国際運輸業所得（第8条）

国際運輸業所得は，相互免除として居住地国のみで課税されます。日本の事業税及びフィンランドの資本税は免税です。

(6) 特殊関連企業（第9条）

対応的調整の規定がありません。

(7) 配当所得（第10条），利子所得（第11条），使用料所得（第12条）

各種所得の限度税率は次のとおりです。

	限度税率
親子間配当（議決権株式の25％以上を6か月保有）	10％
一般配当	15％
利子所得	10％
使用料所得	10％

(8) 譲渡収益（第13条）

　株式等の譲渡収益は源泉地国も課税することができます。不動産化体株式に係る規定はありません。

(9) 自由職業所得（第14条）

　医師，弁護士等の自由職業者の所得は，源泉地国において固定的施設を有する場合，その固定的施設に帰属する所得についてのみ課税されます。

(10) 給与所得（第15条）

　短期滞在者免税の183日ルールは，暦年基準です。

(11) 役員報酬（第16条）

　法人の所在地国でも課税ができます。

(12) 芸能人等（第17条）

　芸能人等の課税は，その活動を行った国において行うことになります。芸能法人が芸能人等の役務提供を提供し，その利得を取得する場合も同様です。

(13) 退職年金（第18条）

　退職年金は，その受領者の居住地国で課税になります。

(14) 政府職員（第19条）

　政府職員に対する報酬は，原則として派遣国において課税となります。ただし，接受国の国民が受領者の場合は接受国で課税です。

(15) 教授（第20条）

　大学，学校その他の教育機関において教育又は研究を行うため一方の締約国を訪れ，2年を超えない期間一時的に滞在する教授又は教員は，現に他方の締約国の居住者であり，又は訪れる直前に他方の締約国の居住者であった場合，その教育又は研究に係る報酬は滞在地国で免税です。

⒃ 学生（第21条）

　学生及び事業修習者は，生計，教育又は訓練のための国外から支払われる所得等は滞在地国で免税です。所得については，滞在地国で提供される人的役務について受け取るものであって，年間2,000米ドル又は日本円若しくはフィンランド・マルカによるその相当額を超えないものである場合に限ります。

⒄ その他所得（第22条）

　その他所得は，居住地国課税です。

⒅ 二重課税の排除（第23条）

　二重課税の排除は税額控除方式です。フィンランドは従前国外所得免除方式でしたが，税額控除方式に改正されました。平成3年の改正で租税条約も税額控除方式に改められました。

日本・フランス租税条約

❶ 租税条約の基礎データ

(1) フランスの概要

国　名	フランス共和国　French Republic
人口（万人）	6,633（2016年）
GDP（億US＄）	28,340（2014年）
通　貨	ユーロ

(2) 租税条約の基礎データ

	現行租税条約	原条約等
フランス	（第2次条約） （署名）平成7年3月 （発効）平成8年3月 （一部改正署名）平成19年1月 （一部改正発効）平成19年12月	（署名）昭和39年11月 （発効）昭和40年8月 （一部改正署名）昭和56年3月 （一部改正発効）昭和56年10月
日本・フランス租税条約の正式名称	「所得に対する租税に関する二重課税の回避及び脱税の防止のための日本国政府とフランス共和国政府との間の条約」	

(3) 租税条約の条文構成

第1条（適用対象者）	第2条（対象税目）	第3条（一般的定義）
第4条（居住者）	第5条（恒久的施設）	第6条（不動産所得）
第7条（事業所得）	第8条（国際運輸業所得）	第9条（特殊関連企業）
第10条（配当所得）	第11条（利子所得）	第12条（使用料所得）
第13条（譲渡収益）	第14条（削除）	第15条（給与所得）
第16条（役員報酬）	第17条（芸能人等）	第18条（退職年金）
第19条（政府職員）	第20条（学生）	第20条のA（匿名組合）

第21条（教授）	第22条（その他所得）	第22条のA（特典制限条項）
第23条（二重課税の排除）	第24条（無差別取扱い）	第25条（相互協議）
第26条（情報交換）	第27条（徴収共助）	第28条（外交官）
第29条（信託に関する特典）	第30条（発効）	第31条（終了）
第2次条約議定書及び平成19年の改正		

(4) フランスの税制

法人税率	33.1/3%
外国法人支店税	同　上
源泉徴収	配当30％，55％，利子0％，50％，使用料33.1/3％，50％
支店送金税	30％
損失の繰戻	1年
損失の繰越	無制限
付加価値税	20％（標準税率）
個人所得税	最高税率45％（2013年）
遺産税・贈与税	いずれも最高税率45％

❷ 租税条約の解説

(1) 平成19年1月の議定書による改正

　平成19年1月の議定書（以下「改正議定書」という。）による改正は，日米租税条約追従型といえる内容で，日米，日英に続く租税条約の改正と位置付けられます。日仏租税条約の改正交渉は，平成18年1月に開始され，平成19年1月に改正議定書に署名がなされました。この改正は，第2次日仏租税条約の一部改正を含む条約改正ですが，改正議定書は，全21条の条文と交換公文から構成され，一部改正とはいえ相当な内容変更といえるものです。改正議定書により新設条項は，第20条A（匿名組合），第22条A（特典制限条項）です。

(2) 日仏社会保障協定

　日仏租税条約とは別に，日仏間における給与所得者等に課される社会保障の二重適用と掛け捨て問題を解消するために，日仏間において社会保障協定（正式名称「社会保障に関する日本国政府とフランス共和国政府との間の協定」：以下「日仏社会保障協定」とします。）が平成17年2月に署名され，平成19年6月1日に発効しています。この改正議定書では，この社会保険料条項もあり，当該協定と租税条約の改正はリンクしていることになります。ここに租税条約とは異なる社会保障協定を取り上げる理由は，この改正において，条約相手国において支払われる社会保険料について，就労国において所得控除を認めるというこれまでにない措置を今回の改正が規定し，社会保険料に関する租税条約上の取扱いについて新しい規定を設けているからです。

(3) 対象税目（第2条）

　対象税目は日本が，所得税，法人税及び住民税，フランスは，所得税，法人税，法人概算税，給与税，一般社会保障税（CSG）及び社会保障債務返済税（GRDS）（これらの租税に係る源泉徴収される租税又は前払税を含む。）が規定されています。給与税は，所定の雇用者が支払う給与総額の13.6％の額に，売上高に占める付加価値額の課税対象外売上高の比率を乗じた額に対して課税されるものです。一般社会保障税及び社会保障債務返済税は，雇用者に課される雇用者負担の社会保険料とは別に，フランスの居住者である個人の給与等の額に対して課されるもので源泉徴収されます。

(4) 一般的定義（第3条）

　地理的意味におけるフランスには，南アメリカにある海外県が含まれています。

(5) 居住者（第4条）

　第1項は一般規定，第2項は個人の双方居住者の振分け規定，第3項は個人以外の者について合意により解決することが規定されています。第4項は日本の非永住者の課税に関する規定，第5項はフランスに実質的な事業の管理の場所を有する組合，社団等でフランスで課税され，かつ，その株主等の構成員の

持分に応じて課税を受けるものを「一方の締約国の居住者」に含めることが規定されています。第5項は事業体課税に係る規定で，本条約の規定は，日米租税条約とは異なり，事業体が第三国にある場合の規定がなく，日英租税条約と類似した規定になっています。

(6) 恒久的施設（PE）（第5条）

建設工事で12か月超はPEとなります。在庫保有代理人，注文取得代理人は，PEになりません。

(7) 事業所得（第7条）

本条の各項は，第1項帰属主義，第2項独立企業の原則，第3項本店配賦経費，第4項所得配分によりPE利得の算定，第5項単純購入非課税の原則，第6項所得計算の継続性，第7項他の規定との関係，の基本7項型です。

(8) 国際運輸業所得（第8条）

国際運輸所得は，相互免税として居住地国のみで課税されます。また，日本においては事業税及び事業所税，フランスにおいては職業税，職業税付加税が免除されます。

(9) 特殊関連企業（第9条）

対応的調整の規定があります。

(10) 配当（第10条），利子（第11条），使用料（第12条）

各種所得の限度税率は次のとおりです。

	限度税率
親子間配当（フランス法人の場合は発行済株式の15%以上を直接又は間接に6か月保有，日本法人の場合は，議決権株式の15%以上の直接保有又は25%以上の直接又は間接保有に6か月保有）	免　税
親子間配当（フランス法人の場合は発行済株式，日本法人の場合は議決権株式の10%以上保有）	5％

一般配当	10%
利子所得	10%
利子所得（政府・中央銀行等）	免　税
使用料所得	免　税

(11) 譲渡収益（第13条）

イ　全体の概要

第1項は不動産譲渡所得に係る規定，第2項は事業譲渡類似に係る規定で発行済株式の25％を保有しそのうち5％を譲渡した場合の利得の課税，第3項は不動産化体株式に係る規定で源泉地国課税です。第4項はPEの事業用資産に係る規定です。第5項は国際運輸業に係る船舶等の譲渡収益に係る規定で，国際運輸業を営む居住者の居住地国で課税です。第6項は，その他の財産（上記に規定のない株式等）は居住地国課税です。

ロ　事業譲渡類似組織に係る規定

本条約第13条第2項(a)の規定によれば，フランスが課税を行う場合を想定すると，日本居住者がフランス法人の株式の譲渡によって取得する収益については次の条件を満たす場合，フランスが課税できることになります。

その条件は，①譲渡者（日本居住者）の保有又は所有する株式（譲渡者の特殊関係者が保有又は所有する株式を合算する。）の数が当該課税年度のいかなる時点においても当該フランス法人の発行済株式の25％以上であること，②当該譲渡者及び特殊関係者の当該課税年度中に譲渡した株式総数が当該フランス法人の発行済株式の5％以上であること，の2つです。

したがって，例えば，内国法人が親会社でフランスに100％保有の子会社を有する場合，内国法人がその所有しているフランス子会社の株式の5％以上を譲渡した場合，フランスにおいて株式譲渡益に課税となります。

ハ　組織再編規定

組織再編規定は，上記の事業譲渡類似の株式譲渡の例外として同租税条約第13条第2項(b)に規定が置かれています。

組織再編規定について，例えば，内国法人が親会社でフランスに100％保有の子会社を有する場合を例としますと，内国法人がその所有しているフランス

子会社の株式の5％以上を譲渡した場合、フランスにおいてその株式譲渡益が課税になるということが原則です。しかし、この株式譲渡が組織再編に関連して行われた場合で、日本の税法上当該株式譲渡益の課税繰延べが認められ、日本の権限ある当局がその課税繰延べを証明する場合には、日本においてのみ課税することを規定しています。ただし、この規定の適用を受けることを目的とした取引の場合、この規定の適用はないことになります。

組織再編規定は、日仏租税条約にある規定で、日本の締結している他の租税条約及びOECDモデル租税条約にはない規定です。フランス国内法における組織再編税制における合併の場合、被合併法人の固定資産は時価評価が原則ですが、一定の条件の下に資産の再評価益の課税繰延べが認められています（税理士法人トーマツ編『欧州主要国の税法・第2版』中央経済社　2008年7月204頁）。したがって、組織再編規定が平成7年（1995年）の日仏租税条約改正により規定されたこと及び当時の日本の税制では組織再編税制が整備されていなかった（平成13年度税制改正により整備）こと等から考えて、フランス居住者が組織再編のために内国法人の事業譲渡類似株式の譲渡をした場合で、フランスの権限ある当局がこの取引の課税繰延べを証明するときは、日本において課税がないことを想定した規定であると思われます。しかし、平成13年度以降は、日本居住者が上記のように日本においてのみ課税という状況も生じたといえます。

⑿　自由職業所得（第14条削除）

この所得は事業所得として扱われます。

⒀　給与所得（第15条）

短期滞在者免税の期間制限は、12か月の期間において183日以内の滞在等の場合は免税です。

⒁　役員報酬（第16条）

役員報酬は、法人所在地国でも課税です。

⒂ 芸能人等（第17条）

芸能人等及び芸能法人等の所得は，その活動をした国で課税です。ただし，政府，特別な法人等の援助のものは免税です。

⒃ 退職年金（第18条）

イ　第2項の適用

例として，日本の会社甲社に勤務する社員Ａが，甲社のフランス子会社乙社に3年間の予定で勤務するとします。この場合，日仏社会保障協定が適用となり，Ａは一時的（5年以内）派遣ということで，フランスに就労しながら，フランスの社会保障制度加入が免除され，フランス就労期間中，日本の社会保障制度に加入することになります。当然，フランス人社員が日本に就労するケースも逆の場合になります。

本条第2項において，上記の例でいえば，日本の社会保険料（条約上では強制保険料と規定されています。）のうち，わが国において所得控除等の対象とされない範囲で，次に要件を満たす場合，フランスにおいて，フランスの社会保険料と同様に取り扱われ，所得控除等の措置を受けることができることを規定しています。

① Ａがフランス勤務直前に，フランス居住者ではなく，日本の社会保障制度に参加していたこと。

② 日本の社会保障制度がフランスにおいて課税上認められた社会保障制度に一般的に相当するものとしてフランスの権限ある当局によって承認されていること。

③ 日本において社会保険料の賦課される給与等が，フランスにおいて課税となること。

ロ　1995年議定書の改正及び交換公文

1995年議定書に9Ａが追加され，フランス居住者が5年以内の日本勤務により取得する給与等に対して，各課税年度において，次の①又は②に規定する額のいずれか低い額を限度として日本で租税を課さないことになっています。

① フランス居住者又は当該居住者に代わる者が，日仏いずれかに設けられ，かつ，課税上認められた社会保険料の支払総額（フランスで課税上控除されたものを除く。）

② 日本の課税上控除できる総保険料の総額

また，交換公文では，次の内容が了解されています。
① フランスの社会保険料について日本で所得控除を行う場合，日本で社会保険料として支払われる総保険料の上限額を限度とします。
② 日本の社会保険料についてフランスで所得控除を行う場合，フランス税法の規定に従い，本条約第18条第2項，議定書9B及び9Cに定める要件を満たすことを条件として，フランスにおいて全額控除します。
③ これらの社会保険料に係る雇用者負担金が就労国における個人の課税所得となりません。

以上，本条約第18条第2項，1995年議定書改正分及び交換公文に分かれて社会保険料の取扱いが規定されていますが，日本に5年以内で勤務するフランス人社員，フランスに5年以内で勤務する日本人社員の場合，その勤務している就労国の社会保険料ではなく，フランス人社員の場合はフランス，日本人社員の場合は日本と，就労国以外の国の社会保険料を支払うことから，このような規定振りになったものと思われます。

(17) 政府職員（第19条）

接受国の国民等を除き，派遣国でのみ課税です。

(18) 学生（第20条）

学生及び事業修習者は，生計，教育又は訓練のための国外源泉分が免税です。奨励金等につき滞在期間2年以内は免税です。事業習得者の場合は，滞在期間1年以内であれば，本国からの送金分は免税です。

(19) 匿名組合（第20条のA）

匿名組合からの所得は源泉地国課税であることを定めた規定で，日本の租税条約の特徴となる規定です。

(20) 教授（第21条）

滞在期間2年以内であれば，教育又は研究を目的とする教授は，教育・研究の報酬はその滞在地国で免税です。

⑵1 その他所得（第22条）

その他所得は，居住地国課税です。この条には，第4項に同等の受益者の規定，第5項には租税回避防止の規定があります。

⑵2 特典条項（第22条のA）

本条約における特典条項の規定は，基本的に日英租税条約の規定に類似しているといえます。第3次日米租税条約に初めて規定されたこの特典条項は，日米，日英と次第に簡素化されていますが，本条約における同条の規定の特徴は次のとおりです。

① 日英租税条約と同様に特典条項の適用が限定されています。なお，日米租税条約の場合は，条約に規定するすべての特典です。
② 本条約の場合の適格居住者は，個人，適格政府機関，法人，個人以外の者と日英租税条約よりも限定されています。
③ EU加盟国であるフランスは，英国と同様に，同等の受益者の規定を置いています（第3項）。この規定は，第三国居住者（他のEU加盟国居住者）であっても，一定の条件を満たす者の場合，本条約の特典を受けることができるというものです。この規定は日米租税条約にはありません。
④ 日英租税条約と同様に，適格居住者の判定における課税ベース浸食テストが省略され，簡素化されています。

⑵3 二重課税の排除（第23条）

フランスの国内法では，内国法人の事業所得（例えば，外国支店の所得）については属地主義が原則であり，一定要件の国外源泉所得は非課税となるため外国税額控除の適用はありません。また，配当，利子，使用料等の国外における投資所得のうち，国外支店等に帰属しないものはフランスで課税されることから，二重課税の排除が必要となるが，外国で納付した所得税は，損金として控除され税額控除は行われません。ただし，租税条約が適用となる場合は，その条約の定める方法により，二重課税の排除が行われることになります。

⑵4 信託に関する特典（第29条）

年金基金等の優遇措置を規定しています。

⑸　**議定書**

　平成7年署名の第2次条約の議定書1から19は，その一部が平成19年改正（以下「改正条約」という。）による次のとおりになりました。

（議定書1・削除）　1は退職年金等積立金に対する法人税を対象税目等としないことが確認されていましたが，改正条約により削除されました。

（議定書2・削除）　一方の税法に基づく意義は，当該締約国の他の法令に基づく意義に優先するという規定でしたが，改正条約により第3条第2項に組み込まれました。

（議定書3・削除止）　この規定は，事業体課税の規定でしたが，改正条約により居住者に事業体課税の規定が整備されたことから削除されました。

（議定書4）　対応的調整において，減額更正する国で還付加算金が支払われない場合，増額更正の税額に係る延滞税等を免除することに合意できることが規定されています。

（議定書5・削除）　改正条約に特典制限条項が創設されたことに伴い，適格居住者を規定したこの規定が不要になり削除されました。

（議定書5A）　条約第10条の配当所得には，分配を行う法人が居住者である締約国の租税に関する法令上，利益の分配として取り扱われる所得を含むことが了解されています。この規定は，フランス国内法における配当の範囲が株主総会の決議を経た利益分配以外のものも含まれることから，この範囲のものを条約上も配当とすることを規定したものです。

（議定書6・削除）　インピュテーション制度がフランスで廃止されたことに伴い，関連する規定が廃止されました。

（議定書6A）　この規定は年金基金に対して，配当，利子条項の特典を認めるというものです。

（議定書7）　利子所得条項に規定する「保険の引き受けが行われた債権」が規定されています。

（議定書8・削除）　使用料所得の源泉地国免税に伴い，使用料の源泉地国を回避するこの規定は削除されました。

（議定書9）　芸能人条項に規定のある「特別の法人」には，日本国については，国際交流基金を含むことが了解されています。

（議定書9A）　給与所得及び退職年金の規定の適用上，フランスの社会保障制

度に加入していたフランス居住者が，日仏社会保障協定により日本において社会保険料免除となる期間日本国内に勤務して給与所得を得ている場合，日仏社会保障協定により支払った強制保険料のうち，フランスにおいて所得控除等の適用を受けない範囲内で，日本において所得控除するというものです。
(議定書9B)　条約第18条2及び9Aに規定する「継続して60か月」との期間の限定は，2005年2月25日にパリで署名された社会保障に関する日本国政府とフランス共和国政府との間の協定第9条が適用される場合には，適用しないことが了解されています。
(議定書9C)　条約第18条2(a)(ii)及び9Aに関し，これらの規定に定める「社会保障制度」とは，日仏社会保障協定の適用対象となる制度をいうことが了解されています。
(議定書10)　第19条に規定する政府職員の報酬について，(a)同条の規定は，一方の締約国の政府が自己の所有する機関（専ら公務を遂行するものに限る。）を通じて支払う報酬についても適用する。ただし，当該報酬が，当該一方の締約国において租税を課される場合に限られます。(b)同条1(b)(ii)の規定は，他方の締約国に滞在する直前に一方の締約国の公務員又は当該一方の締約国の地方公共団体の公務員であった個人には適用しません。
(議定書10A)　匿名組合契約条項（条約第20条のA）に規定する「その他これに類する契約」は，法人税法第138条第11号に規定する匿名組合契約に関連して匿名組合員が取得する所得又は収益と課税上同様に取り扱われるものであることが了解されています。
(議定書10B)　特典制限条項（条約第22条のA7(d)）に規定する同等受益者に関し，その者は，当該特典を請求する法人が所有する同条に規定する配当を支払う法人の発行済株式又は当該法人の発行する議決権のある株式と同数の株式を所有するものとみなされることが了解されています。具体例は，『平成19年版改正税法すべて』637頁にある例を参考とします。
　フランス親会社（P社）が株式の100％を保有する日本子会社（S社）を保有し，S社がP社に配当を支払うとします。P社の株式は，第三国Yに所在するA社（14％），B社（12％），C社（14％），D社（12％），フランス法人E社（48％）に所有されているとします。Y国と日本は租税条約を締結していて配当の源泉地国免税が認められているとします。この場合，ABCDの各社は，Pを利用し

て源泉地国免税の操作をする必要がないため、同等受益者となり、S社からの配当の源泉地国免税を認めることに問題はありません。しかし、日本・Y国租税条約の配当免税の規定が15％の株式の直接保有という条件であれば、ABCD各社はP社を通じた間接保有であるため、適用できないことになります。そこで、ABCD各社は、S社に対する持株割合をP社の持株割合と同数とみなして（ABCD各社がそれぞれ100％所有とみなします。）、ABCD各社は同等受益者に該当し、P社は本条約による配当免税を受けることができることになります。

（議定書11）　これは二重課税の排除に係る規定です。

（議定書12）　二重課税の排除に係る規定にいう「日本国の法令に従い」とは、同条2に規定する控除の適用方法（控除限度額計算等）が日本国の法令に従って定められることをいいます。

（議定書13）　第24条に規定のある無差別取扱いにおいて、一方の締約国の居住者である個人、法人、組合その他の団体は、当該締約国の居住者ではない個人、法人、組合その他の団体とは同様の状況にないことが了解されています。この13の規定は、フランスについては、法人、組合その他の団体が、第3条の一般的定義における「国民」の規定の適用上、それらが居住者である締約国の国民とみなされる場合であっても、適用することになります。

（議定書13A）　条約第25条3（相互協議）に関し、(a)第三国において組織された団体を通じていずれかの締約国から取得される所得であって、(b)一方の締約国の租税に関する法令に基づき当該第三国において組織された団体の所得として取り扱われ、かつ、(c)他方の締約国の租税に関する法令に基づき当該団体の受益者、構成員又は参加者の所得として取り扱われるものについて、両締約国における課税上の取扱いが異なる結果として二重課税が生ずる場合には、その事案は、相互協議手続の対象とされることが了解されました。

（議定書13B）　条約第26条5（情報交換）の規定は、弁護士その他の法律事務代理人がその職務に関してその依頼者との間で行う通信に関する情報であって一方の締約国の法令に基づいて保護されるものについて、当該一方の締約国がその提供を拒否することを認めるものであることが了解されました。

（議定書14）　一方の締約国の外交官又は領事官であって他方の締約国又は第三国に滞在する者は、その者が当該一方の締約国においてその総所得に対して当該一方の締約国の居住者と同様の納税義務を負う場合には、条約の適用上当該

一方の締約国の居住者とみなされます。条約は，国際機関，その下部機関又は職員及び第三国の外交使節団又は領事官の構成員であって，一方の締約国に所在し，かつ，いずれの締約国においてもその総所得に対して当該締約国の居住者と同様の納税義務を負わない者には，適用されません。

（議定書15）　これは，条約第29条（信託に関する特典）に関し，「一方の締約国の公認投資基金」の範囲等の了解事項です。

（議定書16）　フランスの国内法令がフランスの居住者である法人に対し，連結方式により日本国の居住者である子会社又は日本国にある恒久的施設の利得又は損失を含めてその課税所得を決定することを認めている場合には，条約の規定は，当該法令の適用を妨げるものではありません。ただし，フランスの居住者の課税所得に含められる当該子会社又は恒久的施設の所得について納付された日本国の租税が，フランスの国内法令に従って，当該居住者に対して課されるフランスの租税から控除される場合に限ります。また，フランスの国内法令に従い，フランスがフランスの居住者の課税所得を決定するに当たって，日本国の居住者である子会社又は日本国にある恒久的施設の損失を控除し，かつ，控除される損失の額を限度として当該子会社又は恒久的施設の利得を含める場合には，条約の規定は，当該法令の適用を妨げるものではありません。

（議定書17）　過少資本に関するフランス統一税法第212条の規定又はこれを修正し若しくはこれに代わる類似の規定は，これらの規定の適用が条約第9条1（特殊関連事業条項）に定める原則に合致する限りにおいて，適用することができることが了解されました。また，条約のいかなる規定も，フランスがフランス統一税法第209B条の規定（タックスヘイブン税制）又はこれを修正し若しくはこれに代わる実質的に類似する規定を適用することを妨げるものではないとしている。これは，フランス・スイス租税条約の適用とタックスヘイブン税制の適用関係を争ったシュナイダー事案（地裁1996年，高裁2001年判決）の影響があるものと思われる。

（議定書19）　条約の適用上，一方の締約国の権限のある当局は，他方の締約国の権限のある当局と協議した後，条約に規定する特典の適用を申請している者に対し，その者が当該他方の締約国の居住者であることを証明する当該他方の権限のある当局又は適当な当局の発行する証明書を要求することができることが了解されました。

日本・ブルガリア租税条約

① 租税条約の基礎データ

(1) ブルガリアの概要

国　名	ブルガリア共和国　Republic of Bulgaria
人口（万人）	723（2014年）
民　族	ブルガリア人80％，トルコ系9.7％，ロマ3.4％等
言　語	ブルガリア語
EU	2007年加盟
GDP（億US＄）	557（2014年）
主要貿易相手国	輸出：ドイツ，トルコ，イタリア，ルーマニア，ギリシャ 輸入：ロシア，ドイツ，イタリア，ルーマニア，トルコ
為替レート	レフ（複数形：レヴァ），1ユーロ＝1.95583レヴァ（固定相場制）

(2) 租税条約の基礎データ

	現行租税条約	原条約等
ブルガリア	（署名）平成3年3月 （発効）平成3年8月	同　左
日本・ブルガリア租税条約の正式名称	「所得に対する租税に関する二重課税の回避及び脱税の防止のための日本国とブルガリア共和国との間の条約」	

(3) 租税条約の条文構成

第1条（適用対象者）	第2条（対象税目）	第3条（一般的定義）
第4条（居住者）	第5条（恒久的施設）	第6条（不動産所得）
第7条（事業所得）	第8条（国際運輸業所得）	第9条（特殊関連企業）
第10条（配当所得）	第11条（利子所得）	第12条（使用料所得）

第13条(譲渡収益)	第14条(自由職業所得)	第15条(給与所得)
第16条(役員報酬)	第17条(芸能人等)	第18条(退職年金)
第19条(政府職員)	第20条(学生)	第21条(教授)
第22条(その他所得)	第23条(二重課税の排除)	第24条(無差別取扱い)
第25条(相互協議)	第26条(情報交換)	第27条(外交官)
第28条(発効)	第29条(終了)	交換公文

(4) **ブルガリアの税制**

法人税率	10%(基本税率)
外国法人支店税	10%
源泉徴収	配当5%, 利子5%, 10%, 使用料5%, 10%, 専門的役務提供報酬10%
損失の繰戻	なし
損失の繰越	5年
付加価値税	20%(標準税率)
個人所得税	10%(基本税率)
遺産税・贈与税	あり(係累により税率が異なる。)

❷ 租税条約の解説

(1) 対象税目(第2条)

日本は,所得税,法人税及び住民税です。ブルガリアは,総所得税と利得税です。

(2) 一般的定義(第3条・交換公文)

一般的定義に法人の定義がなく,「者」の定義だけです。交換公文1で,企業には個人が営む企業を含むことが確認されています。

(3) 居住者（第4条）

ブルガリア居住者には，第三国居住者が含まれないことが規定されています。個人の双方居住者の振分け規定では，重要な利害関係の中心が判定要素となり，これがない場合は両締約国の権限ある当局による合意となります。個人以外については，その者の本店又は主たる事務所の所在する国の居住者とみなされます。

(4) 恒久的施設（PE）（第5条・交換公文）

建設工事等は6か月を超えるとPEになります。代理人PEは，従属代理人のみです。一方の締約国の企業が他方の締約国において一時的な見本市，展示会等を行い，商品等を販売するという理由だけでは，PEを通じて事業を行うとはみなされないことが交換公文で確認されています。

(5) 事業所得（第7条）

本条の各項は，第1項帰属主義，第2項独立企業の原則，第3項本店配賦経費，第4項所得配分によりPE利得の算定，第5項単純購入非課税の原則，第6項所得計算の継続性，第7項他の規定との関係，の基本7項型です。

(6) 国際運輸業所得（第8条）

国際運輸業所得は，相互免除として居住地国のみで課税されます。日本の事業税及びブルガリアの日本の事業税に類似する税は免税です。

(7) 特殊関連企業（第9条）

対応的調整の規定があります。

(8) 配当所得（第10条），利子所得（第11条），使用料所得（第12条・交換公文3）

各種所得の限度税率は次のとおりです。

	限度税率
親子間配当（議決権株式の25％以上を6か月保有）	10％

一般配当	15%
利子所得	10%
利子所得（政府・中央銀行等）	免　税
使用料所得	10%

　ブルガリアでは，発明は国家に帰属し，発明者は「発明証明」に基づいて使用料を受領することができます。この使用料は条約第12条に規定する使用料に含まれることが確認されています。

(9)　**譲渡収益（第13条）**
　譲渡収益課税の原則は居住地国課税です。株式の譲渡収益は法人の居住地国課税です。

(10)　**自由職業所得（第14条）**
　医師，弁護士等の自由職業者の所得は，源泉地国において固定的施設を有しない限り課税になりません。課税の場合は，その固定的施設に帰属する所得についてのみ課税されます。

(11)　**給与所得（第15条）**
　短期滞在者免税の183日ルールは，暦年基準です。

(12)　**役員報酬（第16条・交換公文３）**
　法人の所在地国でも課税ができます。

(13)　**芸能人等（第17条）**
　芸能人等及び芸能法人の課税は，その芸能人等が活動を行った国において行うことになります。もっとも，そのような活動が両締約国の政府の間で合意された文化交流のための特別の計画に基づき他方の締約国の居住者である個人により行われる活動であって，いずれかの締約国の地方政府若しくは地方公共団体の公的資金又はいずれかの締約国の特別の法人若しくは非営利団体の資金により実質的に賄われたものから生じ，かつ，当該所得については，源泉地国免

税です。

⑭　**退職年金（第18条）**
　退職年金は，その受領者の居住地国で課税になります。

⑮　**政府職員（第19条）**
　政府職員に対する報酬は，原則として派遣国において課税となります。ただし，接受国の国民が受領者の場合は接受国で課税です。

⑯　**学生（第20条）**
　学生及び事業修習者は，生計，教育又は訓練のための国外から支払われる送金及び到着の日から5年間滞在地国で行われた学費等を補うための所得は免税です。

⑰　**教授（第21条）**
　滞在期間2年以内であれば，教育又は研究を目的とする教授は，教育・研究の報酬はその滞在地国で免税です。

⑱　**その他所得（第22条）**
　その他所得は，居住地国課税です。

⑲　**二重課税の排除（第23条・交換公文）**
　二重課税の排除は税額控除方式です。みなし外国税額控除は，第3項，第4項及び交換公文に規定があります。ただし，第5項に供与期限があり，2002年（平成14年）1月1日以後に開始する各事業年度において日本居住者が取得する所得についてはこれを適用しないことになっています。

⑳　**無差別取扱い（第24条），相互協議（第25条），情報交換（第26条）**
　相互協議の申立て期限は措置通知の日から3年以内です。

日本・ベルギー租税条約

❶ 租税条約の基礎データ

(1) ベルギーの概要

国　名	ベルギー王国　Kingdom of Belgium
人口（万人）	1,124（2015年3月）
言　語	オランダ語，フランス語，ドイツ語
GDP（億US＄）	5,065（2013年）
主要貿易相手国	輸出：ドイツ，フランス，オランダ，英国，米国 輸入：オランダ，ドイツ，フランス，米国，英国
為替レート	1ユーロ＝128.3円（2015年4月22日）

(2) 租税条約の基礎データ

	現行租税条約	原条約等
ベルギー	（署名）昭和43年3月 （発効）昭和46年4月 （一部改正署名）昭和63年11月 （一部改正発効）平成2年11月 （一部改正署名）平成22年1月 （一部改正発効）平成25年12月	同　左
日本・ベルギー租税条約の正式名称	「所得に対する租税に関する二重課税の回避及び脱税の防止のための日本国とベルギー王国政府との間の条約」	

（注）平成28年5月に新条約について実質合意がされています。

(3) 租税条約の条文構成

第1条（適用対象者）	第2条（対象税目）	第3条（一般的定義）
第4条（居住者）	第5条（恒久的施設）	第6条（不動産所得）
第7条（事業所得）	第8条（国際運輸業所得）	第9条（特殊関連企業）

第10条（配当所得）	第11条（利子所得）	第12条（使用料所得）
第13条（譲渡収益）	第14条（自由職業所得）	第15条（給与所得）
第16条（役員報酬）	第17条（芸能人等）	第18条（退職年金）
第19条（政府職員）	第20条（教授）	第21条（学生）
第22条（その他所得）	第23条（二重課税の排除）	第24条（無差別取扱い）
第25条（相互協議）	第26条（情報交換）	第27条（外交官）
第28条（発効）	第29条（終了）	議定書

(4) ベルギーの税制

法人税率	33％（名目利子控除が認められ実効税率が下がる。）
外国法人支店税	33％（名目利子控除が認められ実効税率が下がる。）
源泉徴収	配当10％, 15％, 25％, 利子15％, 25％, 使用料25％
支店送金税	なし
損失の繰戻	なし
損失の繰越	無制限
付加価値税	21％（標準税率）
日本と租税条約	あり
個人所得税	最高税率50％
遺産税最高税率	係累により異なる

　上記の名目利子控除という制度は，資本金も資金調達では借入資本と同様という理解から，資本金の一般利子率を乗じた金額を損金とすることができる制度です。

❷ 租税条約の解説

(1) 対象税目（第2条）

　対象税目は，日本が所得税，法人税，住民税。ベルギーは個人所得税，会社税，非営利団体税，非居住者税，源泉徴収税，源泉徴収補完税及びこれらの税

の付加税（地方公共団体のための個人所得税の付加税を含む。）が条約の対象とされています。

(2) 居住者（第4条・交換公文1）

双方居住者は，両国の権限ある当局の合意によりその居住地国が決定されます。その解決のために，OECD モデル租税条約に規定のある居住者の振分け規定が考慮されます。

(3) 恒久的施設（PE）（第5条・議定書1）

建設工事及び建設工事監督等は，12か月超存続すると PE となります。代理人 PE は，従属代理人のみです。

(4) 事業所得（第7条）

本条の各項は，第1項帰属主義，第2項独立企業の原則，第3項本店配賦経費，第4項所得配分により PE 利得の算定，第5項単純購入非課税の原則，第6項所得計算の継続性，第7項他の規定との関係，です。特に他の租税条約と変わった点はありません。

(5) 国際運輸業所得（第8条）

国際運輸業所得は相互免税です。追加免税となる税目は日本の事業税でベルギーはありません。

(6) 特殊関連企業（第9条）

対応的調整の規定がありません。

(7) 配当（第10条），利子（第11条），使用料（第12条・交換公文4）

各種所得の限度税率は次のとおりです。

	限度税率
親子間配当（議決権株式の25％以上を6か月保有）	日本　　：10％ ベルギー：5％

一般配当	15%
利子所得	10%
使用料所得	10%

　使用料の範囲には，裸用船料と，パテントの譲渡（真正譲渡を除く。）益を含みます。また，特許権等の財産の真正な，かつ，いかなる権利をも譲渡人に残さない譲渡から生ずる収益については第13条が適用となります。

(8)　譲渡収益（第13条）

　PEの事業用資産の譲渡益は，所在地国課税，不動産化体株式の規定はありません。その他のものは居住地国課税です。

(9)　自由職業所得（第14条）

　弁護士等の自由職業者が源泉地国に固定的施設を有する場合にその固定的施設に帰属する所得についてのみ課税となります。

(10)　給与所得（第15条）

　短期滞在者免税の183日ルールは，暦年基準です。

(11)　役員報酬（第16条・議定書3）

　役員報酬は，法人所在地国でも課税になります。議定書3では，管理的又は技術的性質の日常任務の遂行に関して法人から受領する役員報酬は，これを勤務に関して被用者から支払われる報酬とみなす，と規定されています。この規定は，法人所在地国が日本とした場合，内国法人の使用人兼務役員でない役員に対する報酬に適用があるのか否か疑義が生じる事項ですが，国内法上，使用人兼務役員でない役員については，使用人部分の報酬はないものとすれば，第15条（給与所得）の適用はあり得ないことになります。

(12)　芸能人等（第17条）

　芸能人等及び芸能法人への報酬は，その活動した国において課税となります。

⒀　**退職年金（第18条）**
　退職年金は，居住地国課税です。

⒁　**政府職員（第19条）**
　政府職員に対する報酬は，派遣国のみで課税となります。

⒂　**教授（第20条）**
　滞在期間2年以内であれば，教育を目的とする教授はその報酬について滞在地国で免税となります。

⒃　**学生（第21条）**
　生計，教育又は訓練のための国外から支払われる分は免税です。

⒄　**その他所得（第22条）**
　その他所得は，居住地国課税です。

⒅　**二重課税の排除（第23条）**
　日本は税額控除方式ですが，ベルギーでは，事業所得は所得免除，投資所得等が税額控除になります。ベルギーの国内法では，租税条約を締結国に所在する恒久的施設からの所得は，源泉地で課税されていることから，ベルギーでは課税されません。また，外国源泉税の対象となった利子所得及び使用料所得については，外国税額控除を適用することができる。控除限度額は，純所得の15/85に相当する金額です。

⒆　**相互協議（第25条），情報交換（第26条）**
　情報交換の規定は，平成22年1月に署名された議定書により，最新のOECDモデル租税条約の情報交換条項に改正されました。

③ 租税条約の特徴

(1) 親子間配当の限度税率

　対ベルギー租税条約は，全体として，日本が締結している他の租税条約と比較して特に目立った特徴があるとはいえないものですが，敢えて本条約の変則的な点を挙げると，昭和63年の改正の際に，配当条項（本条約第10条）の親子会社間配当に係る限度税率が，日本側とベルギー側で異なっていることです。

　この規定において，親子会社間配当の定義は両国において共通です。すなわち，この親子会社間配当とは，「配当の受領者が，当該配当が支払われることとなる日に先立つ6か月の期間を通じ，当該配当を支払う法人の議決権ある株式の少なくとも25％を所有する法人である場合」の配当がこれに該当することになります。

　この親子会社間配当の限度税率は，日本側が10％，ベルギー側が5％とベルギーにおける限度税率が日本よりも低く規定されている。なお，親子会社間配当以外の一般配当の限度税率は，両国とも同じで15％となっています。

　一般に，租税条約を締結する場合，その基本となる考え方は相互主義ということですが，ベルギー側の要望により自国の限度税率が低くなったということに対して，日本から異議が出る話ではありません。

　このような状況になった背景として，課税当局によれば（平成元年『改正税法のすべて』230頁）では，親子会社間配当に係る限度税率が日本とベルギーとで異なっているのは，親子会社間配当の限度税率を引き下げることにより日本からの投資を誘致したいという理由から，片務的にベルギー源泉配当については限度税率を5％としたいというベルギー側の意向によるもの，と説明しています。ベルギーは，ベネルクス3国を構成するオランダを意識して，日本・オランダ租税条約における親子会社間配当の限度税率が5％であることから，競争上のバランスを保つ必要があったことがその背景と推測されます。

(2) ベルギーの租税条約ネットワーク

　ベルギーとオランダは，隣接していますが，両国ともに，資源がなく，外国資本の誘致に熱心である点では共通しています。そこで，その手段の1つとして租税条約が利用されています。そのことは，前述の対ベルギー条約における

親子会社間配当の限度税率に対するベルギー側の譲歩でも明らかです。

ベルギーは，2003年12月に香港との間の租税条約に署名しています。この香港・ベルギー租税条約（以下「香港条約」という。）は，一般にいわれる所得税租税条約です。

香港における課税を考えると，香港自体税率も低く，ベルギーから香港に投資を行ったとしても，香港国内法の適用でさえも税負担が軽いことから，ベルギー企業にとって香港租税条約による課税の減免はそれほどの恩典ということにはなりません。したがって，ベルギーは，香港からベルギー向けの投資を促進することを目的として租税条約を締結したと考えるのが妥当なところです。

また，2004年10月にベルギーは，台湾と租税条約を締結しています。

このように考えると，ベルギーは，香港からベルギー国内に対する投資という意味もありますが，ベルギー経由で，他のEU諸国，台湾，日本等との間の租税条約のネットワークを利用することも想定することができます。

日英租税条約では，この租税条約を第三国の居住者が不正に利用することで条約の恩典を享受することを制限する特典制限条項が規定されています。

しかし，対ベルギー租税条約は，最近の租税条約ではないことから，投資所得条項（配当所得・利子所得・使用料所得）に，租税条約の不正利用防止のための概念である受益者概念も規定されておらず，第三国居住者からみて，対ベルギー租税条約が対日本投資のルートの1つになる可能性もあります。

日本・ポーランド租税条約

❶ 租税条約の基礎データ

(1) ポーランドの概要

国　名	ポーランド共和国　Republic of Poland
人口（万人）	3,806（2014年）
民　族	ポーランド人（人口の97％）
言　語	ポーランド語
EU加盟	2004年5月
GDP（億US＄）	5,161（2013年）
主要貿易相手国	輸出：ドイツ，英国，チェコ，フランス（EUが7.5割） 輸入：ドイツ，ロシア，中国，イタリア（EUが6割）
為替レート	1ZŁ（ズロチ）＝32円（2015年2月平均）

(2) 租税条約の基礎データ

	現行租税条約	原条約等
ポーランド	（署名）昭和55年2月 （発効）昭和57年12月	同　左
日本・ポーランド租税条約の正式名称	「所得に対する租税に関する二重課税の回避のための日本国とポーランド人民共和国との間の条約」	

(3) 租税条約の条文構成

第1条（適用対象者）	第2条（対象税目）	第3条（一般的定義）
第4条（居住者）	第5条（恒久的施設）	第6条（不動産所得）
第7条（事業所得）	第8条（国際運輸業所得）	第9条（特殊関連企業）
第10条（配当所得）	第11条（利子所得）	第12条（使用料所得）

第13条(譲渡収益)	第14条(自由職業所得)	第15条(給与所得)
第16条(役員報酬)	第17条(芸能人等)	第18条(退職年金)
第19条(政府職員)	第20条(教授)	第21条(学生)
第22条(その他所得)	第23条(二重課税の排除)	第24条(無差別取扱い)
第25条(相互協議)	第26条(情報交換)	第27条(外交官)
第28条(発効)	第29条(終了)	議定書1〜3

(4) ポーランドの税制

法人税率	19%
外国法人支店税	19%
源泉徴収	配当19%,利子20%,使用料20%,専門的役務提供報酬20%
損失の繰戻	なし
損失の繰越	5年
付加価値税	23%(標準税率)
個人所得税	最高税率32%
遺産税・贈与税	あり(3〜20%)

❷ 租税条約の解説

(1) 対象税目(第2条)

　対象税目は,日本が所得税,法人税,住民税。ポーランドは,所得税,賃金又は給料に対する税,所得税及び賃金又は給料に対する税の付加税です。

(2) 居住者(第4条・議定書1)

　双方居住者(個人)は,両国の権限ある当局の合意によりその居住地国が決定されます。その解決のために,OECDモデル租税条約に規定のあるような居住者の振分け規定が考慮されます(議定書1)。個人以外の居住者の場合は,その者の本店又は主たる事業所が存在する締約国の居住者とみなされます。

(3) 恒久的施設（PE）（第5条）

建設工事等は，12か月超存続するとPEとなります。代理人PEは，従属代理人のみです。

(4) 事業所得（第7条）

本条の各項は，第1項帰属主義，第2項独立企業の原則，第3項本店配賦経費，第4項所得配分によりPE利得の算定，第5項単純購入非課税の原則，第6項所得計算の継続性，第7項他の規定との関係，の基本7項型です。

(5) 国際運輸業所得（第8条・議定書2）

国際運輸業所得は相互免税です。追加免税となる税目は日本の事業税とポーランドにおいても，日本の事業税に類似する税です。議定書2では，本条の規定は，賃借している船舶又は航空機を国際運輸に運用することによって取得する利得及び次に掲げる利得その他船舶又は航空機を国際運輸に運用することに関連した補助的な活動によって取得する利得にも適用することが了解されています。すなわち，①船舶又は航空機を賃貸すること（裸用船であるか否かを問わない。）によって取得する利得。ただし，船舶又は航空機の国際的な運用に従事する企業が，賃貸により臨時的な所得を取得する場合に限ります。②船舶又は航空機を国際運輸に運用することに関連して，コンテナ，コンテナ運送のためのトレーラーその他の関連設備又ははしけ運搬船方式で運航するはしけを使用し，保持し又は賃貸することによって取得する利得です。

(6) 特殊関連企業（第9条）

対応的調整の規定がありません。

(7) 配当（第10条），利子（第11条），使用料（第12条）

各種所得の限度税率は次のとおりです。

	限度税率等
配当所得（親子間配当に係る規定はありません。）	10%
利子所得	10%

利子所得（政府・中央銀行等）	免　税
使用料所得（工業的使用料）	10%
使用料所得（文化的使用料）	免　税

「工業的使用料」と「文化的使用料」は，対スロバキア条約等に説明があります。

(8) 譲渡収益（第13条）

PE の事業用資産及び国際運輸に係る船舶等の譲渡益は，所在地国課税，不動産化体株式の規定はありません。その他のものは居住地国課税です。

(9) 自由職業所得（第14条）

弁護士等の自由職業者が源泉地国に固定的施設を有する場合にその固定的施設に帰属する所得についてのみ課税となります。

(10) 給与所得（第15条）

短期滞在者免税の183日ルールは，暦年基準です。

(11) 役員報酬（第16条）

役員報酬は，法人所在地国でも課税になります。

(12) 芸能人等（第17条）

芸能人等及び芸能法人への報酬は，その活動した国において課税となります。もっとも，そのような活動が両締約国の政府の間で合意された文化交流のための特別の計画に基づき他方の締約国の居住者である個人により行われる場合には，その所得については，そのような活動が行われた締約国において租税が免除されます。

(13) 退職年金（第18条）

退職年金は，居住地国課税です。

⒁ 政府職員（第19条）

政府職員に対する報酬は，派遣国のみで課税となります。

⒂ 教授（第20条）

滞在期間2年以内であれば，教育を目的とする教授はその報酬について滞在地国で免税となります。

⒃ 学生（第21条）

生計，教育，訓練，政府又は宗教，慈善，学術，文芸若しくは教育の団体からの交付金，手当又は奨励金の受領者として勉学又は研究をすることの目的を持つ者については，5課税年度にわたり，次に掲げる給付は免税です。
① 生計，教育，勉学，研究又は訓練のための海外からの送金
② 交付金，手当又は奨励金
③ 当該一方の締約国内で提供する人的役務によって取得する所得であって，1課税年度において，当該一方の締約国が日本国である場合には合計60万日本円，当該一方の締約国がポーランドである場合には合計10万ポーランド・ズオチを超えないもの

⒄ その他所得（第22条）

その他所得は，居住地国課税です。

⒅ 二重課税の排除（第23条）

日本は税額控除方式です。

⒆ 無差別取扱い（第24条・議定書3）

本条第5項に関し，「すべての種類の税」には，ポーランドの営業許可手数料及び在住登録手数料を含まないことが了解されました。

⒇ 相互協議（第25条），情報交換（第26条）

相互協議及び情報交換の規定は，最新型ではありません。

日本・ポルトガル租税条約

① 租税条約の基礎データ

(1) ポルトガルの概要

国　名	ポルトガル共和国　Portuguese Republic
人口（万人）	1,043（2013年）
言　語	ポルトガル語
GDP（億EUR）	1,685（2014年）
EU	1986年加盟
主要貿易相手国	輸出：スペイン，フランス，ドイツ，アンゴラ，英国，米国（対 EU 70.9％） 輸入：スペイン，ドイツ，フランス，イタリア，オランダ，英国（対 EU 74.7％）
マカオ返還	1999年12月20日に中国に返還
通　貨	ユーロ

(2) 租税条約の基礎データ

	現行租税条約	原条約等
ポルトガル	（署名）平成23年12月 （発効）平成25年7月 ・利子免税対象機関についての合意：平成25年12月	同　左
日本・ポルトガル租税条約の正式名称	「所得に対する租税に関する二重課税の回避及び脱税の防止のための日本国とポルトガル共和国との間の条約」	

(3) 租税条約の条文構成

第1条（対象となる者）	第2条（対象となる租税）	第3条（一般的定義）

第4条(居住者)	第5条(恒久的施設)	第6条(不動産所得)
第7条(事業利得)	第8条(海上運送及び航空運送)	第9条(関連企業)
第10条(配当)	第11条(利子)	第12条(使用料)
第13条(譲渡収益)	第14条(給与所得)	第15条(役員報酬)
第16条(芸能人及び運動家)	第17条(退職年金)	第18条(政府職員)
第19条(学生)	第20条(その他所得)	第21条(減免の制限)
第22条(二重課税の除去)	第23条(無差別待遇)	第24条(相互協議手続)
第25条(情報の交換)	第26条(外交使節団及び領事機関の構成員)	第27条(見出し)
第28条(発効)	第29条(終了)	議定書全14条

(4) ポルトガルの税制

法人税率	23%(地方税として,市町村税1.5%,州税3%,5%,7%)
外国法人支店税	23%
源泉徴収	配当25%,利子25%,使用料25%
支店送金税	なし
損失の繰戻	なし
損失の繰越	12年
付加価値税	23%(標準税率)
個人所得税	最高税率48%
遺産税・贈与税	2004年に廃止

(5) ポルトガル税制の概要

主たる税目は,法人所得税,個人所得税,固定資産税(地方税),不動産譲渡税(地方税),付加価値税,酒税,燃料税,たばこ税,自動車税,印紙税等があります。

イ　法人所得税

　国内に登録或いは事業上の管理の場所を有する法人等は、居住者として全世界所得が課税範囲となります。また、居住者以外の非居住者は、ポルトガル国内源泉所得が課税となります。法人の課税所得の計算は、一般に公正妥当な会計基準に基づく利益を調整して算出されます。所得金額には、棚卸資産の譲渡による所得、役務提供による所得、キャピタルゲイン等が含まれる。配当所得は、配当の受領法人が内国法人又は外国法人であっても、20％の源泉徴収が行われます。また、株式の10％（又は株式の取得価額が2,000万以上）を1年以上保有する法人からの配当は非課税となります。

　控除となる損金の項目として特徴のあるものは、引当金として、貸倒引当金と銀行或いは保険会社に課されている準備金等が認められています。減価償却の償却方法は、原則として定額法であり、所定の建物・事務所什器、自動車を除く新規取得の資産に対して定率法が認められます。償却率は、商業用建物が2％、産業用建物が5％、機械が12.5～20％、コンピュータが33.33％、運搬具が25％等です。欠損金の繰越しは6年で繰戻しは認められません。

　連結納税制度は90％の株式所有を条件に、選択により連結グループによる申告が認められます。

　法人税率（居住法人、非居住法人とも同じ）は、23％です。このほかに、200万ユーロを超える所得に対して2.5％の付加税が課され、さらに、地方税の付加税が1.5％課されます。

　国際的二重課税については、外国税額控除が適用となります。

ロ　個人所得税

　ポルトガル居住者は、全世界所得が課税所得となり、非居住者は、国内源泉所得が課税所得となります。

　ポルトガル居住者となる要件は、①1暦年中に183日を超えて同国に滞在する場合、②ポルトガルに常用の住居を持って居住している場合、③配偶者がポルトガルの居住者である場合、ただし、この場合、前記①と②の条件に合わない場合で、その者の経済活動がポルトガル以外で行われているようなときはその証拠を提出することで、居住者とみなされることはありません。

　個人所得税では、所得が、給与所得（A区分）、事業所得（B区分）、資本所得（E区分）、不動産所得（F区分）、資産所得（G区分）、年金（H区分）の6

つに分類され、個々に所得の金額を計算した後に合算して課税となります。

ハ　マデイラ及びアゾレス諸島の税制

マデイラ及びアゾレス諸島は、ポルトガルの領土ですが、税制等において優遇措置を認められた地域であり、古くはタックスヘイブンとして知られていました。

付加価値税では、2011年以降、ポルトガル本土の一般税率が23％であるのに対して、マデイラ及びアゾレス諸島は、16％です。一般税率以外の軽減税率等もマデイラ及びアゾレス諸島が低くなっています。

アゾレス諸島に設立された法人に対する法人税率は、12,500ユーロまでは8.75％、それを超える所得に対しては17.5％です。また、マデイラに設立された法人に対する法人税率は、12,500ユーロまでは10％、それを超える所得に対しては20％です。

❷　租税条約の解説

本条約は、これまでわが国が締結してきた租税条約と比較して大きな相違のある条約ではありません。全体としては、日米租税条約以降のわが国の租税条約締結方針が維持され、匿名組合、相互協議における仲裁、拡大した情報交換規定等を含む一方、日米租税条約ほどには先鋭的な内容を伴わない、旧来型の租税条約の特徴も一部持つ規定振りといえます。

(1)　投資所得の限度税率

配当所得	親子間配当（持株要件10％以上12か月保有）	限度税率5％
	一般配当	限度税率10％
利子所得	免税（政府、中央銀行等）	
	居住者である銀行	限度税率5％
	その他	限度税率10％
使用料所得		限度税率5％

わが国の他の条約例と比較して、いわゆる日米租税条約をモデルとする日米

型租税条約（日英租税条約，日仏租税条約，日豪租税条約，日蘭租税条約等）における投資所得に係る限度税率ではなく，本条約は，従来型の条約例と属するもので，利子所得において銀行の限度税率を5％とした点，使用料所得の限度税率を5％とした点は，日米租税条約と日米租税条約以外の租税条約の中間的な税率を採用したものといえます。

(2) 仲裁条項

わが国は，これまで日蘭租税条約，日本・香港租税条約において仲裁条項を既に導入しています。この規定は，移転価格課税等における両国間の相互協議において合意に達することがない場合，これまで国内における異議申立て等以外に救済措置がなかったものに対して，相互協議において合意に達しない場合，次の段階として，仲裁制度を設けて解決を図ろうというものです。

日本とポルトガルの権限のある当局は，平成25年10月3日に仲裁手続の実施のための取決め（「所得に対する租税に関する二重課税の回避及び脱税の防止のための日本国とポルトガル共和国との間の条約第24条5に係る実施取決め」）を定めました。その項目は次のとおりです。

1　事案の仲裁への付託の要請
2　事案を仲裁に付託する時期
3　付託事項
4　付託事項の不通知
5　仲裁人の選任
6　仲裁人の資格及び任命
7　情報の通信と秘密保持
8　適時の情報提供が行われなかった場合及び相互協議の中断があった場合
9　手続上及び証拠上の規則
10　仲裁の要請を行った者の参加
11　実施準備
12　費用
13　適用される法原則
14　仲裁決定
15　仲裁決定の通知のために認められる期間

16　定められた期間内に決定の通知が行われなかった場合
17　仲裁決定の確定
18　仲裁決定の実施
19　仲裁決定が提供されない場合
20　最終規定

具体的な手続の概要は次のとおりです。
① 　仲裁手続とは，相互協議事案が協議の開始から2年を経過しても当局間において解決しない場合，納税義務者の要請により，独立した3名の仲裁人により構成される仲裁委員会の決定である仲裁決定を求める手続です。したがって，仲裁の効果としては，仲裁それ自体の効果というよりも，2年という期限を切られた相互協議自体を促進する効果が期待されるのです。
② 　仲裁決定の実施は，原則として仲裁の要請から2年以内に終了するように，定められていることから，仲裁自体も期限が限定されています。
③ 　相互協議では，両国の権限ある当局の間で同協議が行われるため，相互協議を要請した納税義務者の意見を表明する機会はありませんが，仲裁の場合は，上記の「実施取決め」において，仲裁の要請を行った者の参加が認められています。

本条約では，議定書第13条に仲裁に係る細則が規定されています。

(3)　情報交換

わが国は，OECD，G20による国際標準に基づく課税当局間の情報交換が可能になったことを受けて，既存の租税条約の改訂及びタックスヘイブン等との情報交換協定を締結しています。

わが国が，2010年以降，情報交換を中心とした租税条約の改訂或いは新租税条約の締結を行えた背景には，このような国際的な動向の存在があり，本条約の情報交換規定もその一環といえよう。

本条約は，これまでわが国が締結してきた租税条約と同様の条項も多いことから，以下では，本条約の独自の規定となるものを中心としてその概要を述べることとする。

(4) 対象税目（第2条）

第2条は，両国の対象税目を列挙するのではなく，第1項において，「この条約は，一方の締約国又は一方の締約国の地方政府，自治州若しくは地方公共団体のために課される所得に対する租税（課税方法のいかんを問わない。）について適用する。」と規定しています。これは，ポルトガル側の事情であり，法人所得に課される地方税の付加税，マデイラ等の自治州の存在を考慮したものと思われます。また，同条第2項では，「総所得又は所得の要素に対するすべての租税（財産の譲渡から生ずる収益に対する租税，企業が支払う賃金又は給料の総額に対する租税及び資産の価値の上昇に対する租税を含む。）は，所得に対する租税とされる。」と，所得に対する租税に係る規定があります。

対象税目は，ポルトガルが法人所得に対する付加税を規定していることは既に説明したとおりです。日本は，2011年11月に成立した復興特別税（復興特別所得税及び同法人税）と住民税が規定されています。

(5) 地理的範囲（第3条第1項）

ポルトガルの地理的範囲は，「国際法及びポルトガルの法令に基づくポルトガル共和国の領域（領海を含む。）並びにその領海の外側に隣接する海域（海底及びその下を含む。）であって，ポルトガル共和国が主権的権利又は管轄権を行使するものをいう。」と規定されていることから，マデイラ及びアゾレス諸島は，本条約の適用範囲ということになります。

(6) 事業体課税（議定書2）

本条約の居住者条項（4）本文には，事業体課税に係る規定はありませんが，議定書2にこの規定があります。日米租税条約第4条第6項にはハイブリッド事業体課税の規定がありますが，本条約は，日米租税条約第4条第6項の(a)，(b)，(e)と同じ規定です。したがって，議定書第2条(a)及び(b)は条約上の特典が与えられるケースであり，(e)は与えられないケースになります。

(7) 匿名組合の課税（議定書5）

日米租税条約以降に締結した租税条約において，匿名組合から分配金についてわが国が課税権を有していることを条約に明記しています。本条約において

も,「条約のいかなる規定にもかかわらず,匿名組合契約(ポルトガルについては,参加型組合契約)その他これに類する契約に関連して匿名組合員が取得する所得及び収益に対しては,当該所得及び収益が生ずる締約国において当該締約国の法令に従って租税を課することができる。」という規定が置かれています。

(8) 移転価格課税の処分期限(第9条第3項)

移転価格課税の処分についてその期限を課税年度終了時から7年としていますが,この規定は,不正に租税を免れた利得については,適用しないことになっています。

(9) 親子間配当の適用制限(第10条第2項(a),議定書6)

10%以上の資本等を直接に所有する法人から「組合」が除かれていますが,この「組合」には,租税に関し法人格を有する団体として取り扱われ,かつ,同国の居住者である団体は含まれないこととなっています。

(10) 所得計算上控除される配当に対する限度税率の適用(議定書6)

配当を支払法人が居住者とされる一方の締約国における課税所得の計算上,当該法人が受益者に対して支払う配当を控除することができる場合は,一般配当の限度税率である10%が適用となります。

(11) 銀行が受け取る利子に係る限度税率(第11条第3項)

一方の締約国内において生ずる利子であって,他方の締約国の居住者である銀行(当該他方の締約国の法令に基づいて設立され,かつ,規制されるものに限る。)が受益者である利子の限度税率は,5%です。この規定は,利幅の薄い金融機関に対して10%の源泉徴収が負担となることから,その点について配慮した規定といえます。

(12) 銀行利子の課税免除規定(議定書9)

ポルトガルが現在締結している租税条約においては,銀行の受け取る利子について条約免税としている例はありません。しかし,将来,ポルトガルが,銀

行利子について源泉地国免税とする租税条約を締結したときは，本条約第11条第3項を改めて，源泉地国免税とすることになっています。

⒀ 使用料所得の限度税率（第12条第2項）

本条約における使用料所得の限度税率は5％です。わが国が締結している租税条約における使用料所得の限度税率は，多くが10％であり，5％は日豪租税条約のみです。オーストラリアは，米豪租税条約においても使用料所得に対して5％の限度税率であることから，5％は，10％と免税の中間として双方の協議の結果ではないかと思われます。

⒁ 役員の範囲（第15条，議定書11）

租税条約における役員報酬の適用に際しては，それぞれの締約国における「役員」の定義が異なる場合があり，その解釈において疑義が生じることがあります。本条約では，第15条に規定する「役員」について，議定書第11条に，「法人の役員」には，ポルトガルの居住者である法人の監査評議会その他これに類する機関であって，ポルトガルの会社法に規定するものの構成員を含む，と規定されています。

⒂ 減免の制限（第21条）

例えば，日英租税条約第11条（利子所得条項）第10項には，特典制限条項とは別に，条約上の課税減免を制限する次のような規定があります。

「利子の支払の基因となる債権の設定又は移転に関与した者が，この条の特典を受けることを当該債権の設定又は移転の主たる目的の全部又は一部とする場合には，当該利子に対しては，この条に定める租税の軽減又は免除は与えられない。」

この規定は，現在，BEPS活動計画でも取り上げられている主要目的テスト（PPT）の規定です。

⒃ 二重課税の排除（第22条）

日本における外国子会社配当益金不算入制度の適用において，租税条約において課税要件を緩和している条約例（日米，日仏，日本・ブラジル租税条約）

がありますが，本条約は株式所有割合等についての要件（25％，6か月保有）の緩和はありません。

⑰ **仲裁規定の適用範囲（第24条第5項，議定書12）**

仲裁規定の概要については，既に述べていますが，本条約における仲裁に係る規定の適用範囲について次のように定められています。
① 仲裁の規定は移転価格課税に係る事案についてのみ適用されます。
② 今後，ポルトガルが，日本以外の国と租税条約を締結して，仲裁規定の適用する範囲を拡大したときは，本条約の仲裁規定は，当該租税条約と同じ範囲に適用されることになります。

⑱ **仲裁に係る細則（議定書13）**

相互協議の申立てした日から2年で仲裁に付託されます。仲裁の要請から2年以内に仲裁決定が実施されることを確保するため，仲裁手続を合意によって定めることになります。また，仲裁のための委員会は3人の仲裁人により構成される等，その概要は，わが国の先例である日蘭租税条約等の仲裁規定と同様です。

❸ 本条約の影響

既に述べたように，ポルトガルとマカオの間には租税条約が締結されています。しかし，マカオは，法人税率も低く（9～12％），投資所得（配当，利子，使用料所得）に対する源泉徴収課税もありません。したがって，対マカオ投資については，日本からの投資とポルトガル経由の投資では，マカオにおける課税に大きな差異は生じません。

しかし，ポルトガルには，マデイラ及びアゾレス諸島というポルトガル本土と比較して税率の低い地域が含まれています。これらの地域における税負担上の恩典は，縮小しているようですが，大西洋上の島という地理的な問題はあるにせよ，税制面では検討対象となりえます。

日本・マン島情報交換協定

① 租税協定の基礎データ

(1) マン島の概要

国　名	マン島　Isle of Man
人口（万人）	8.6
面　積	572 km² （シンガポール697 km²より少し狭い）

(2) 租税協定の基礎データ

	現行租税条約	原条約等
マン島	（署名）平成23年6月 （発効）平成23年9月	同　左
日本・マン島情報交換協定の正式名称	「租税に関する情報の交換のための日本国政府とマン島政府との間の協定」	

(3) 租税協定の条文構成

第1条（目的及び適用範囲）	第2条（管轄）
第3条（対象となる租税）	第4条（定義）
第5条（要請に基づく情報の交換）	第6条（海外における租税に関する調査）
第7条（要請を拒否することができる場合）	第8条（秘密）
第9条（費用）	第10条（相互協議手続）
第11条（見出し）	第12条（発効）
第13条（終了）	

(4) マン島の税制

法人税率	0％, 10％

キャピタルゲイン税	なし
個人所得	最高税率18%
遺産税・贈与税	なし
税制の特徴	タックスヘイブンとして有名

(5) 英国の王室直轄領

　日本と英国との間の租税条約（日英租税条約）において定義された「英国」とは，グレートブリテン及び北アイルランド（UK：連合王国）をいい，ガーンジー島は，日英租税条約の適用外地域です。このガーンジー島と同様の状況にある英国領土は，ジャージー島，マン島があり，いずれも王室直轄領という地位にあり，英国の税法はこれらの地域に適用されません。付加価値税については，マン島は同税を課していますが，チャンネル諸島は同税の課税はありません。そして，これらの王室直轄領はEU加盟国ではありません。

❷ 租税協定の解説

(1) 本協定の特徴

　日本が締結している情報交換協定には，協定の内容からバミューダ型とマン島型に分かれます。前者は，個人の特定の所得についての課税権の配分に関する規定があり，後者にはこれらがありません。

(2) 目的及び適用範囲（第1条）

　両締約国の権限のある当局は，この協定の対象となる租税に関する両締約国の法令の規定の運用又は執行に関連する情報の交換を通じて支援を行うことが目的です。交換される情報には，この協定の対象となる租税の決定，賦課及び徴収，租税債権の回収及び執行並びに租税事案の捜査及び訴追に関連する情報が含まれます。情報は，各締約国の法令に従うことを条件として，この協定に従い入手し，交換し，かつ，秘密として取り扱われます。

(3) 管轄（第2条）
　被要請国は，その当局によって保有されておらず，かつその領域的管轄内にある者によって保有され，又は管理されていない情報については，それを提供する義務を負いません。

(4) 対象となる租税（第3条）
　本協定における対象となる租税は，地方税を含むすべての租税という規定です。

(5) 要請に基づく情報の交換（第5条）
　① 被要請国の権限のある当局は，要請に応じて情報を入手し，提供することになります。その情報とは，銀行その他の金融機関等が有する情報，法人，組合，信託，財団その他の者の所有に関する情報です。
　② 被要請国は，保有する情報が情報提供の要請に応ずるために十分でない場合，自己の課税目的のために必要でないときであっても，要請された情報を要請国に提供するためにすべての関連する情報収集のための措置をとります。
　③ 要請国から特に要請があった場合，被要請国は，記録の原本の写しに認証を付した形式で，この条の規定に基づく情報の提供を行います。
　④ 入手，提供する義務を生じさせない情報として，上場法人等に関する情報があります。
　⑤ 要請国は，情報の提供を要請する際に，その要請が必要であることを証明することを規定しています。
　⑥ 要請者の権限ある当局が要請する際に提供する情報が規定されています。

(6) 海外における租税に関する調査（第6条）
　被要請国は，要請国から要請があったときは，被要請国内における租税に関する調査の適当な部分に要請国の権限のある当局の代表者が立ち会うことを認めることができます。この要請に応ずる場合には，できる限り速やかに，要請国に対し，当該調査の時間及び場所，当該調査を行う当局又は職員並びに当該調査を行うために被要請国が求める手続及び条件を通知することになります。

なお，租税に関する調査の実施についてのすべての決定は，当該調査を実施する被要請国が行います。

(7) 要請を拒否することができる場合（第7条）

本条では，次の事項が規定されています。
　イ　被要請者が情報を提供することを要求されない場合
　要請された情報が要請国にあるとした場合に同国の権限ある当局でも入手できないものであれば，被要請者は，その情報を提供することを要求されません。
　ロ　要請を拒否できる場合
　① 営業上等の秘密の場合は拒否できますが，弁護士等がその依頼者との間に行う通信に関する情報等で，銀行等は，その有する情報を秘密等として情報提供を拒否することはできません。
　② 公序良俗に反する情報の場合
　③ 要請者の国民との比較で，被要請者の国民を差別するものを運用し，又は執行するために情報の提供を要請する場合

(8) 秘密（第8条），費用（第9条）

この協定に基づき一方の締約国が受領した情報は，秘密として取り扱われますが，この協定の対象となる租税の賦課若しくは徴収，これらの租税に関する執行若しくは訴追又はこれらの租税に関する不服申立てについての決定に関与する者又は当局（裁判所及び行政機関を含む。）には開示することができます。なお，情報は，被要請国の書面の明示による同意がない場合，第2条に定める目的外の使用はできません。また，費用の負担については，両締約国の権限のある当局の間で合意されることになります。

(9) 相互協議手続（第10条）

両締約国は，第5条及び第6条の規定の適用のための手続について相互に合意することができます。

日本・リヒテンシュタイン情報交換協定

① 租税協定の基礎データ

(1) リヒテンシュタインの概要

国　名	リヒテンシュタイン公国　Principality of Liechtenstein
人口（万人）	3.6（2011年）
面　積	160 km^2（小豆島にほぼ相当）
言　語	ドイツ語
GDP（億US＄）	48.34
通　貨	スイスフラン

(2) 租税協定の基礎データ

	現行租税条約	原条約等
リヒテンシュタイン	（署名）平成24年7月 （発効）平成24年12月	同　左
日本・リヒテンシュタイン情報交換協定の正式名称	「租税に関する情報の交換のための日本国政府とリヒテンシュタイン公国政府との間の協定」	

(3) 租税協定の条文構成

第1条（目的及び適用範囲）	第2条（管轄）
第3条（対象となる租税）	第4条（定義）
第5条（要請に基づく情報の交換）	第6条（海外における租税に関する調査）
第7条（要請を拒否することができる場合）	第8条（秘密）
第9条（費用）	第10条（相互協議手続）
第11条（見出し）	第12条（発効）
第13条（終了）	

(4) リヒテンシュタインの税制

法人税率	12.5%
キャピタルゲイン税	21%
外国法人支店税	12.5%
源泉徴収	配当0％，利子0％，使用料0％
支店送金税	なし
損失の繰戻	なし
損失の繰越	無制限
付加価値税	8％（標準税率）
個人所得税	最高税率21％
遺産税・贈与税	なし

❷ 租税協定の解説

(1) 本協定の特徴

　日本が締結している情報交換協定には，協定の内容からバミューダ型とマン島型に分かれます。前者は，個人の特定の所得についての課税権の配分に関する規定があり，後者にはこれらがありません。本条約はマン島型です。

(2) 目的及び適用範囲（第1条）

　両締約国の権限のある当局は，この協定の対象となる租税に関する両締約国の法令の規定の運用又は執行に関連する情報の交換を通じて支援を行うことが目的です。交換される情報には，この協定の対象となる租税の決定，賦課及び徴収，租税債権の回収及び執行並びに租税事案の捜査及び訴追に関連する情報が含まれます。情報は，各締約国の法令に従うことを条件として，この協定に従い入手し，交換し，かつ，秘密として取り扱われます。

(3) 管轄（第2条）

　被要請国は，その当局によって保有されておらず，かつその領域的管轄内に

ある者によって保有され，又は管理されていない情報については，それを提供する義務を負いません。

(4) 対象となる租税（第3条）

本協定における対象となる租税は，日本が所得税，法人税，住民税，相続税，贈与税，消費税，復興特別所得税，復興特別法人税です。リヒテンシュタインは，個人所得税，法人所得税，不動産譲渡収益税，資産税，利札税，付加価値税です。

(5) 要請に基づく情報の交換（第5条）

① 被要請国の権限のある当局は，要請に応じて情報を入手し，提供することになります。その情報とは，銀行その他の金融機関等が有する情報，法人，組合，信託，財団その他の者の所有に関する情報です。
② 被要請国は，保有する情報が情報提供の要請に応ずるために十分でない場合，自己の課税目的のために必要でないときであっても，要請された情報を要請国に提供するためにすべての関連する情報収集のための措置をとります。
③ 要請国から特に要請があった場合，被要請国は，記録の原本の写しに認証を付した形式で，この条の規定に基づく情報の提供を行います。
④ 入手，提供する義務を生じさせない情報として，上場法人等に関する情報があります。
⑤ 要請国は，情報の提供を要請する際に，その要請が必要であることを証明することを規定しています。
⑥ 要請者の権限ある当局が要請する際に提供する情報が規定されています。

(6) 海外における租税に関する調査（第6条）

被要請国は，要請国から要請があったときは，被要請国内における租税に関する調査の適当な部分に要請国の権限のある当局の代表者が立ち会うことを認めることができます。この要請に応ずる場合には，できる限り速やかに，要請国に対し，当該調査の時間及び場所，当該調査を行う当局又は職員並びに当該調査を行うために被要請国が求める手続及び条件を通知することになります。

なお，租税に関する調査の実施についてのすべての決定は，当該調査を実施する被要請国が行います。

(7) 要請を拒否することができる場合（第7条）

本条では，次の事項が規定されています。
　イ　被要請者が情報を提供することを要求されない場合
　要請された情報が要請国にあるとした場合に同国の権限ある当局でも入手できないものであれば，被要請者は，その情報を提供することを要求されません。
　ロ　要請を拒否できる場合
　①　営業上等の秘密の場合は拒否できますが，弁護士等がその依頼者との間に行う通信に関する情報等で，銀行等は，その有する情報を秘密等として情報提供を拒否することはできません。
　②　公序良俗に反する情報の場合
　③　要請者の国民との比較で，被要請者の国民を差別するものを運用し，又は執行するために情報の提供を要請する場合

(8) 秘密（第8条），費用（第9条）

この協定に基づき一方の締約国が受領した情報は，秘密として取り扱われますが，この協定の対象となる租税の賦課若しくは徴収，これらの租税に関する執行若しくは訴追又はこれらの租税に関する不服申立てについての決定に関与する者又は当局（裁判所及び行政機関を含む。）には開示することができます。なお，情報は，被要請国の書面による明示による同意がない場合，第2条に定める目的外の使用はできません。また，費用の負担については，両締約国の権限のある当局の間で合意されることになります。

(9) 相互協議手続（第10条）

両締約国は，第5条及び第6条の規定の適用のための手続について相互に合意することができます。

日本・ルーマニア租税条約

❶ 租税条約の基礎データ

(1) ルーマニアの概要

国　名	ルーマニア　Romania
国名改称	1989年に政変により国名をルーマニアに改称
面　積	23.8万 km^2（ほぼ本州と同じ）
人口（万人）	1,994（2014年）
民　族	ルーマニア人83.5％，ハンガリー人6.1％等
言　語	ルーマニア語（公用語），ハンガリー語
GDP（億US＄）	1,999（2014年）
主要貿易相手国	輸出：ドイツ18.6％，イタリア11.5％，フランス6.8％，トルコ5.1％，ハンガリー4.9％ 輸入：ドイツ18.6％，イタリア11.0％，ハンガリー8.2％，フランス5.7％，ポーランド4.4％
為替レート	1ユーロ＝4.4190レイ（2013年平均）

(2) 租税条約の基礎データ

	現行租税条約	原条約等
ルーマニア	（署名）昭和51年2月 （発効）昭和53年4月	同　左
日本・ルーマニア租税条約の正式名称	「所得に対する租税に関する二重課税の回避のための日本国とルーマニア社会主義共和国との間の条約」	

(3) 租税条約の条文構成

第1条（適用対象者）	第2条（対象税目）	第3条（一般的定義）
第4条（居住者）	第5条（恒久的施設）	第6条（不動産所得）

第7条（事業所得）	第8条（国際運輸業所得）	第9条（特殊関連企業）
第10条（配当所得）	第11条（利子所得）	第12条（使用料所得）
第13条（譲渡収益）	第14条（自由職業所得）	第15条（給与所得）
第16条（役員報酬）	第17条（芸能人等）	第18条（退職年金）
第19条（政府職員）	第20条（教授）	第21条（学生）
第22条（二重課税の排除）	第23条（無差別取扱い）	第24条（相互協議）
第25条（情報交換）	第26条（外交官）	第27条（発効）
第28条（終了）	議定書1～4	

(4) ルーマニアの税制

法人税率	16%
外国法人支店税	16%
源泉徴収	配当・利子・使用料，いずれも16%
支店送金税	なし
損失の繰戻	なし
損失の繰越	7年
付加価値税	24%（標準税率）
個人所得税	16%（単一税率）
遺産税・贈与税	なし

❷ 租税条約の解説

(1) 対象税目（第2条）

　日本は，所得税，法人税及び住民税です。ルーマニアは，①賃金又は給料，文学上，美術上，又は学術上の活動から生ずる所得及び出版物への寄稿，興行，調査その他これらに類する活動から生ずる所得に対する租税，②非居住者である個人及び法人の所得に対する租税，③混合法人の所得に対する租税，④商業，自由業その他の生産的活動から生ずる所得並びに国営企業及び混合法人以外の

企業が取得する所得に対する租税，⑤建物及び土地の賃貸から生ずる所得に対する租税，⑥農業活動から生ずる所得に対する租税，⑦消費協同組合及び手工芸協同組合の所得に対する租税，です。

(2) 居住者（第4条）

本条第2項に個人双方居住者は，双方の締約国による合意により決定することになっています。個人以外のものは，その者の本店又は主たる事務所の所在地の居住者とみなされます。

(3) 恒久的施設（PE）（第5条）

建設工事等は，12か月を超えるとPEとなります。代理人PEは従属代理人のみです。

(4) 事業所得（第7条・交換公文3）

本条の各項は，第1項帰属主義，第2項独立企業の原則，第3項本店配賦経費，第4項所得配分によりPE利得の算定，第5項単純購入非課税の原則，第6項所得計算の継続性，第7項他の規定との関係，の基本7項型です。

(5) 国際運輸業所得（第8条・交換公文4）

国際運輸業所得は，相互免除として居住地国のみで課税されます。日本の事業税及びルーマニアで今後課される事業税に類似の税は免税です。

(6) 特殊関連企業（第9条）

対応的調整の規定がありません。

(7) 配当所得（第10条），利子所得（第11条），使用料所得（第12条）

各種所得の限度税率は次のとおりです。

	限度税率等
配当（親子間配当の規定はありません。）	10%
利子所得	10%

利子所得（政府・中央銀行等）	免　税
使用料所得（工業的使用料）	15%
使用料所得（文化的使用料）	10%

　「工業的使用料」と「文化的使用料」は，対スロバキア条約等に説明があります。

(8)　譲渡収益（第13条）

　株式等の譲渡収益は居住地国課税です。不動産化体株式，事業譲渡類似の譲渡収益に係る規定はありません。

(9)　自由職業所得（第14条）

　医師，弁護士等の自由職業者の所得は，固定的施設を有する場合にその固定的施設に帰属する所得についてのみ課税されます。

(10)　給与所得（第15条）

　短期滞在者免税は暦年基準で183日ルールです。

(11)　役員報酬（第16条）

　法人の所在地国でも課税ができます。

(12)　芸能人等（第17条）

　芸能法人等のPE課税については，第6条に規定があります。芸能人等の課税は，その活動を行った国において行うことになります。
　もっとも，そのような活動が両締約国の政府の間で合意された文化交流のための特別の計画に基づき他方の締約国の居住者である個人により行われる場合には，その所得については，そのような活動が行われた締約国において租税が免除されます。

(13)　退職年金（第18条）

　退職年金及び保険年金は，その受領者の居住地国で課税になります。

⑭　政府職員（第19条）

　政府職員に対する報酬は，原則として派遣国において課税となります。ただし，接受国の国民が受領者の場合は接受国で課税です。

⑮　教授（第20条）

　2年間滞在地国免税です。

⑯　学生（第21条）

　学生及び事業修習者は次の場合，5課税年度間租税が免除されます。
① 当該一方の締約国内の大学その他の公認された教育機関において勉学をすること
② 職業上の資格に必要な訓練を受けること
　上記の場合に課税免除となる給付は，次のものです。
① 生計，教育，勉学，研究又は訓練のための海外からの送金
② 所得については，1課税年度において合計60万日本円又はルーマニア・レイによるその相当額を超えないもの

⑰　二重課税の排除（第22条）

　二重課税の排除は税額控除方式です。みなし外国税額控除の規定はありません。

⑱　議定書

① 第3条第1項(f)に規定する「法人」には，ルーマニアの法令に基づいて組織された混合法人を含みます。
② 第5条及び第7条に関連して，展示会或いは見本市の展示終了後に展示した商品等を売却するということのみで恒久的施設の存在と事業所得課税をしないこととなっている。
③ 第7条の事業所得には，手数料及び役務提供から生ずる所得が含まれます。
④ 第10条（配当条項）には，ルーマニアの法令に基づいて組織された混合法人からの配当を含みます。

日本・ルクセンブルク租税条約

❶ 租税条約の基礎データ

(1) ルクセンブルクの概要

国　名	ルクセンブルク大公国　Grand Duchy of Luxembourg
人口（万人）	56（2015年）
言　語	ルクセンブルク語，フランス語，ドイツ語
EU加盟	1958年に当時のEECに加盟
GDP（億US＄）	579（2015年）
貿易品目	輸出：鉄製品，タイヤ，自動車 輸入：石油類，自動車，航空機類
通　貨	ユーロ

(2) 租税条約の基礎データ

	現行租税条約	原条約等
ルクセンブルク	（署名）平成4年3月 （発効）平成4年12月 （一部改正署名）平成22年1月 （一部改正発効）平成23年12月 ・家族資産管理会社の取扱いに関する書簡 　交換：平成25年7月	同　左
日本・ルクセンブルク租税条約の正式名称	「所得に対する租税及びある種の租税に関する二重課税の回避及び脱税の防止のための日本国とルクセンブルク大公国との間の条約」	

(3) 租税条約の条文構成

第1条（適用対象者）	第2条（対象税目）	第3条（一般的定義）
第4条（居住者）	第5条（恒久的施設）	第6条（不動産所得）

第7条（事業所得）	第8条（国際運輸業所得）	第9条（特殊関連企業）
第10条（配当所得）	第11条（利子所得）	第12条（使用料所得）
第13条（譲渡収益）	第14条（自由職業所得）	第15条（給与所得）
第16条（役員報酬）	第17条（芸能人等）	第18条（退職年金）
第19条（政府職員）	第20条（教授）	第21条（学生）
第22条（その他所得）	第23条（財産に係る課税）	第24条（二重課税の排除）
第25条（持株会社）	第26条（無差別取扱い）	第27条（相互協議）
第28条（情報交換）	第29条（徴収共助）	第30条（外交官）
第31条（発効）	第32条（終了）	

(4) ルクセンブルクの税制

法人税率	21％
外国法人支店税	21％
源泉徴収	配当0％，15％，利子0％，15％，使用料0％，
支店送金税	なし
損失の繰戻	なし
損失の繰越	無制限
付加価値税	15％（標準税率）
個人所得税	最高税率42.8％（夫婦），43.6％（独身）
遺産税・贈与税	あり（相続方法・贈与方法等により適用税率が異なる。）

イ　ルクセンブルクの法人税と付加価値税

　ルクセンブルクにおける通常の法人課税は，法人税＋失業基金付加税（法人税率の4％で課税所得の0.88％）＋ルクセンブルク市の地方事業税6.75％です。したがって，税負担の点では，軽課税国とはいえないのです。源泉徴収では，居住者或いは非居住者に対する配当所得に対しては15％，利子所得及び使用料所得に対する源泉徴収はありません。

　また，ルクセンブルクにおける付加価値税の税率は，EU域内各国と比較すると，標準税率は15％であり，軽減税率を含めると，EU域内では最も付加価

値税の税負担が軽い国といえます。

　ロ　持株会社税制

　ルクセンブルク税制の特徴の1つである持株会社に対する租税優遇措置ですが、その1つが、1929年7月31日に制定された法律等に適格な持株会社（以下「1929年持株会社」という。）であり、1929年持株会社は、法人課税を免除され、支払配当に対する源泉徴収も免除されます。ただし、資本金等に対して0.2％の課税があります。

　この1929年持株会社とは別の形態である資産管理会社（略称：SPF）は、個人資産を管理運営する投資会社ですが、法人課税、地方事業税及び財産税のいずれも課税免除です。さらに、非居住者は、同会社からの支払配当及び株式の譲渡益に対して課税を受けることはありません。ただし、資本登録税として払込資本の0.25％の課税があり、税額の上限は、125,000ユーロです。

　さらに、1929年持株会社とは別に、課税は免除されないが、資本参加免税等を活用できる金融持株会社（Soparfi）は存続しています。この資本参加免税は、所定の要件（株式所有割合10％以上又は出資額が120万ユーロ以上等）を満たす場合、子会社等からの受取配当、株式譲渡益等及び源泉徴収の課税を免除するというものです。

　ハ　1929年持株会社制度の廃止

　2006年7月19日付けで、欧州委員会は、1929年持株会社の税制が、EU法に反する国家補助で当たるという決定を下しました。これは、OECDを中心として有害な税競争廃止の影響等もあり、各国が、租税優遇措置を講じて投資を促すインセンティブを与えることを規制した結果、1929年持株会社がその対象となったものです。

　この結果、1929年持株会社に係る課税上の特典は、2010年末まで有効です。また、2006年7月以降、1929年持株会社の設立はできないことになりました。

　しかし、前述の資産管理会社或いは金融持株会社制度は存続しており、1929年持株会社（約14,000）の多くは個人所有であり、国際的企業は、金融持株会社を選択している場合が多いとみられています（「World Tax Summary」『国際税務』2006年11月号、4頁）。結果として、ルクセンブルクの税制においては、海外からの資産運用等に関する課税上の優遇措置が残ったことになります。

2 租税条約の解説

(1) 対ルクセンブルク租税条約の概要

　ルクセンブルクの正式国名は,「ルクセンブルク大公国」といい,立憲君主制の国であり,ベルギー,ドイツ,フランスと国境を接しています。経済として,投資信託或いは保険等の金融分野が有名です。

　ルクセンブルクとわが国の間では,平成4年に日本・ルクセンブルク租税条約が署名され,同租税条約第25条（持株法人）において,日本居住者からルクセンブルク持株会社に支払われる投資所得に対して租税条約上の減免は適用されないことが規定されている点で,他の租税条約にはない特徴を有しています。また,同国は,平成4年改正前のわが国のタックスヘイブン対策税制において,「特定事業所得軽課税国」にルクセンブルクの持株会社が規定されていました。最近,ルクセンブルクは香港と租税条約を締結しています。このルクセンブルク・香港租税条約は,2007年11月2日署名,その適用は,香港が2008年4月1日以降,ルクセンブルクが2008年1月1日以降となっています。そして,2010年の条約の一部改正は,課税当局間の情報交換が可能になるような改正です。

　さらに,ルクセンブルクでは,租税優遇措置の象徴的な存在であって1929年持株会社制度が廃止されています。

(2) 対象税目（第2条）

　日本の対象税目は,所得税,法人税,住民税で,ルクセンブルクは,個人所得税,法人税,法人の役員報酬に対する税,財産税,地方営業税です。

(3) 居住者（第4条）

　双方居住者については,個人は振分け規定,法人は本店又は主たる事務所が所在する締約国により判定します。

(4) 恒久的施設（PE）（第5条）

　建設工事は,12か月を超える場合にPEとなります。なお,建設工事監督,コンサルタント役務提供に係る規定はありません。代理人PEは,従属代理人がだけがPEになります。

(5) 事業所得（第7条）

本条の各項は，第1項帰属主義，第2項独立企業の原則，第3項本店配賦経費，第4項所得配分によりPE利得の算定，第5項単純購入非課税の原則，第6項所得計算の継続性，第7項他の規定との関係，の基本7項型です。

(6) 国際運輸業所得（第8条）

船舶，航空機を国際運輸に供する居住者の居住地国でのみ課税されます。日本の事業税或いはこれに類する課税は免除されます。

(7) 特殊関連企業（第9条）

対応的調整条項が規定されています。

(8) 配当所得（第10条），利子所得（第11条・平成23年議定書4），使用料所得（第12条）

各種所得の限度税率は次のとおりです。

	限度税率等
配当（親子間配当25％保有，期間6か月）	5％
一般配当	15％
利子所得	10％
利子所得（政府・中央銀行等）	免　税
使用料所得	10％

(9) 譲渡収益（第13条）

不動産の譲渡収益は，不動産の所在地国課税，PE帰属資産の譲渡収益は，その所在地国課税です。不動産化体株式の規定はありません。株式の譲渡収益は源泉地国課税です。

(10) 自由職業所得（第14条）

固定的施設に帰せられる所得が課税となります。

(11)　**給与所得（第15条）**
　短期滞在者免税の要件である183日ルールは，暦年基準です。

(12)　**役員報酬（第16条）**
　実際の役務提供地の場所のいかんにかかわらず，その報酬を支払う法人の居住地国で課税となります。

(13)　**芸能人等（第17条）**
　芸能人等の所得及び芸能法人等の所得は，芸能人等が活動した国において課税となります。
　もっとも，そのような活動が両締約国の政府の間で合意された文化交流のための特別の計画に基づき他方の締約国の居住者である個人により行われる場合には，その所得については，そのような活動が行われた締約国において租税が免除されます。

(14)　**退職年金（第18条）**
　居住地国のみで課税です。

(15)　**政府職員（第19条）**
　派遣国のみで課税です。

(16)　**学生（第20条）**
　学生及び事業修習者は，滞在地国外から支払われる給付に限り，滞在地国で免税です。

(17)　**教授（第21条）**
　教育・研究目的で2年間の滞在に限り，教育・研究の報酬は免税です。

(18)　**その他所得（第22条）**
　その他所得の原則は，居住地国課税です。

⑲ 財産課税（第23条）

財産に係る規定です。

⑳ 二重課税の排除（第24条）

税額控除方式が規定されています。

㉑ 持株会社（第25条）

ルクセンブルクの持株会社に対する条約の不適用が規定されています。

㉒ 相互協議（第27条）

申立ては3年以内です。

㉓ 情報交換（第28条）

平成23年の一部改正により全文が改正されました。金融情報までその適用範囲が拡大されました。

㉔ 徴収共助（第29条）

他の条約例と同様の規定です。

❸ 問題となったルクセンブルクの優遇措置

(1) 問題の所在

以下の年表は，この問題の経過を時系列で並べたものです。この問題が取り上げられた発端は，2014年11月の国際調査報道記者連合（ICIJ）による報道です。ICIJはその後パナマ文書で有名になりました。この報道内容に注目して問題として取り上げたのは，EUの執行機関である欧州委員会です。さらに，この動向が注目されたのは，次の2点です。

① ルクセンブルクが世界的大企業に租税上の優遇措置を与えた期間の同国首相であったユンケル氏が同時期にこの問題解明に当たる欧州委員長に就任しました。要するに，同氏は，この問題に関してある種の利害関係者といえるのです。

② この資料の出所が，大手会計事務所であるという点です。この租税優遇措置に関して，同事務所が関与していたということです。

(2) ルクセンブルクの思惑と優遇措置の概要

ルクセンブルクは，スイス，オランダ等と並んで，欧州では多くの企業が持株会社等を設置しているので有名です。ルクセンブルクにおける通常の法人課税は，法人税（21％）＋失業基金付加税（法人税率の4％で課税所得の0.88％）＋ルクセンブルク市の地方事業税6.75％であり，税負担の点では，軽課税国とはいえないのです。また，源泉徴収では，居住者或いは非居住者に対する配当所得に対しては15％，利子所得及び使用料所得に対する源泉徴収課税はありません。そして，2006年7月19日付けで，欧州委員会は，1929年持株会社の税制が，EU法に反する国家補助に当たるという決定を下しています。これは，OECDを中心として有害な税競争廃止の影響によるものであり，各国が，租税優遇措置を講じて投資を促すインセンティブを与えることを規制した結果，1929年持株会社がその対象となったものです。

このように，同国は，税制等の優遇措置を外国企業に与えることで企業を誘致してきたのです。

(3) これまでの経緯

2002～2010年	世界の有力企業340社（ペプシ，IKEA，FedEx，アマゾン等）に対してルクセンブルクが低い税制を設けて自国の税収を増やしたと問題視されている時期です。
2014年10月	欧州委員会は，アマゾンがルクセンブルク税制を利用した件について本格的な調査に踏み切り，同様の調査は，アップルやスターバックス等へも拡大しました。
2014年11月	欧州委員長に就任したユンケル氏が20年近く首相を務めたルクセンブルクが外国企業の租税回避を支援していることを示す大量の秘密文書が暴露されました。 国際調査報道記者連合（ICIJ）は11月5日に約340社の多国籍企業が，ルクセンブルクから内密で法人税率の優遇措置を受けていたことを報道しました。この資料は大手会計事務所から流出したもので，文書は2万8,000頁ありました。

2015年1月	EUの執行機関である欧州委員会は1月16日公表の文書で，アマゾンに対してルクセンブルクが適用した税優遇措置は国の補助金に該当し，合法性に疑問があるとの判断を示しました。 欧州委員会は，ルクセンブルクとイタリアのフィアット社，アイルランド政府とアップル，オランダ政府とスターバックス社による取決めにも調査を進めています。
2015年3月	OECD及びG20は，ある国が特定の企業に租税上の優遇措置を与えた場合，その国の親会社等の所在地国にもその内容を通知することの検討を開始しました。 欧州委員会は租税回避対策として税制透明化法案を提示しました。
2015年6月	ロンドンを拠点とする大手ファンドが英国のEU離脱のリスクを回避するために英国外へ移転を検討中です。移転先の候補としてルクセンブルクが挙げられています。

（参考資料）　http://jp.reuters.com/article/2015/01/16/amazon-idJPKBN0KP0NT20150116
　　（アクセス：2015年8月16日）
http://jp.reuters.com/article/2014/11/07/luxembourg-idJPKBN0IR0AN20141107
　　（アクセス：2015年8月16日）
http://www.swissinfo.ch/jpn/（アクセス：2015年8月16日）

第3部
中東諸国との租税条約

日本・アラブ首長国連邦（UAE）租税条約

❶ 租税条約の基礎データ

(1) アラブ首長国連邦の概要

国　名	アラブ首長国連邦　United Arab Emirates（以下「UAE」とします。）
首長国	7つの首長国から構成され，石油資源のあるアブダビが国家予算の多くを負担しています。1892年に英国保護領となり，1971年12月に，アブダビ，ドバイ，シャールジャ，アジュマーン，ウンム・アル＝カイワイン，フジャイラの6首長国が連邦を形成して独立し，1972年にラアス・アル＝ハイマが加入して現在の7首長国による連邦国家となりました。
首　都	アブダビ，最大の都市（ドバイ）
人口（万人）	945（2014年）
民　族	アラビア人
言　語	アラビア語
GDP（億US＄）	4,016（2014年）
主要貿易相手国	輸出：日本，インド，イラン，タイ 輸入：インド，中国，米国，ドイツ
石油埋蔵量	UAEは世界有数の産油国ですが，石油は主として同国最大の面積であるアブダビから産出されており，アブダビ以外では，海外からの企業誘致の盛んなドバイ（約6,000社が所在）が同国経済を牽引しています。ちなみに，OPEC（石油輸出国機構：Organization of the Petroleum Exporting Countries）が発表した2010年の石油埋蔵量では，それまでの1位であったサウジアラビアを抜いてベネズエラが1位となっています。これは新しい埋蔵量が発見されたのではなく，ベネズエラに埋蔵されている重質油を新たに加算したのが原因です。その結果，石油埋蔵量のランキングの順位は，ベネズエラ，サウジアラビア，カナダ，イラン，イラク，クウェート，UAEとなっています。

為替レート	1米ドル＝3.6731ディルハム（1997年11月以来，米ドルに連動）

(2) 租税条約の基礎データ

	現行租税条約	原条約等
アラブ首長国連邦	（署名）平成25年5月 （発効）平成26年12月	同　左
日本・アラブ首長国連邦租税条約の正式名称	「所得に対する租税に関する二重課税の回避と脱税の防止のための日本国とアラブ首長国連邦の間の条約」	

(3) 租税条約の条文構成

第1条（人的範囲）	第2条（対象税目）	第3条（一般的定義）
第4条（居住者）	第5条（恒久的施設）	第6条（不動産所得）
第7条（事業所得）	第8条（国際運輸業所得）	第9条（特殊関連企業）
第10条（配当）	第11条（利子）	第12条（使用料）
第13条（譲渡所得）	第14条（給与所得）	第15条（役員報酬）
第16条（芸能人等）	第17条（退職年金）	第18条（政府職員）
第19条（学生）	第20条（匿名組合）	第21条（その他所得）
第22条（二重課税の排除）	第23条（無差別取扱い）	第24条（相互協議）
第25条（情報交換）	第26条（外交官）	第27条（発効）
第28条（終了）	議定書	

(4) アラブ首長国連邦の税制

法人税率	0％
源泉徴収	0％
個人所得税	なし
遺産税・贈与税	なし
湾岸協力会議加盟国（GCC）が内国民待遇として課税しません。同国は7首長国から構成されているため，課税は各首長ごとに異なります。	

UAEは，連邦政府としては税制を制定していません。実質的には，UAEのうちの産油国であるアブダビがこの国の財政収入の多くを負担しているのですが，税制は，各首長国（アブダビ，ドバイ，シャールジャ）が，石油掘削，天然ガス掘削等を行う外国企業と個別に協定を取り交わして，一定の金額を納付するようになっています。したがって，見方によれば，石油関連企業及び金融業以外はタックスヘイブンの状態ということもできます。

　UAEの租税条約の締結数は40を超えています。現在同国において適用されている租税条約は，アルジェリア，アルメニア，オーストリア，アゼルバイジャン，ベラルーシ，ベルギー，ブルガリア，カナダ，中国，キプロス，チェコ，エジプト，フィンランド，フランス，ドイツ，インド，インドネシア，イタリア，韓国，レバノン，ルクセンブルク，マレーシア，マルタ，モーリシャス，モロッコ，モザンビーク，オランダ，ニュージーランド，パキスタン，フィリピン，ポーランド，ルーマニア，セイシェル，シンガポール，スペイン，スリランカ，スーダン，シリア，タイ，チュニジア，トルコ，トルクメニスタン，ウクライナ，ウズベキスタン，ベトナム等です。

❷ 租税条約の解説

(1) 租税条約の解説

　この条約の内容はこれまで日本が締結してきた租税条約と異なるものではなく，対先進国型租税条約以外の従来型に属する租税条約といえますが，その効果という側面に注目すると，UAEの1首長国であり，中東最大のビジネス・金融センターであるドバイと日本が租税条約で結ばれたことに意味があるように思われます。

　日本は後述するように，近年，産油国との租税条約網を拡充していますが，その背景には，産油国の持つ豊富な資金を日本に呼び込むために，租税条約を締結して日本における租税の減免を図ることで，これらの産油国から投資を側面から援助しているのです。

　今回のUAE租税条約がサウジアラビア，クウェート等との租税条約と異なる効果は，日本と租税条約を締結していない中東，アフリカ諸国の資本が，ドバイ経由で日本に流れる可能性があることです。この点から，この租税条約が

今後どのような役割を果たすのかを注視する必要があります。

(2) 産油国と租税条約を締結する理由

　近年，米国・ヨーロッパ・日本という世界経済の三極体制が崩れ，中国，インド等の国々の経済力が向上したことで，従来の先進国・発展途上国という図式が変わり，世界の資本の流れに新しい状況が生じています。例えば，中東・ロシア等の産油国が石油価格高騰等により取得した資金を，米国・ヨーロッパ・日本等に対して投資しています。

　日本の場合，平成16年にサウジアラビアの国営石油会社であるサウジアラムコが昭和シェル石油の株式の約15％を所有，平成19年9月に，UAEのアブダビ政府系投資会社（IPIC：International Petroleum Investment Company）がコスモ石油の第三者割当増資約891億円を引き受けて筆頭株主となっています。また，平成19年11月に，米国のシティバンクグループがアブダビ投資庁（ADIA：Abu-Dhabi-Investment-Authority）から75億ドルの出資を受け入れると発表した。なお，上記のIPIC及びADIAは，いずれもUAE租税条約の利子条項において，源泉地国免税となる政府が全面的に所有する機関に含まれています。

　このような傾向が増加した背景には，2008年（平成20年）9月に発生したリーマンショックによる先進諸国の不況が原因となっています。そして，産油国から先進国への投資が行われた結果，産油国が居住地国，先進諸国が源泉地国となり，双方が租税条約を締結することにより源泉地国（先進諸国）の租税の減免を行うことが，産油国の資金導入を容易にすることとなるという政策がとられたものと思われます。

(3) 中東湾岸産油国の概況

　中東湾岸産油国とは，アラビア海の湾岸に所在する国々で，1981年に設立された湾岸協力会議（Gulf Cooperation Council：以下「GCC」という。）に加盟しているバーレーン，クウェート，オマーン，カタール，サウジアラビア，UAEの6か国とこれに加盟していないイラク，イランの計8か国のことです。また，オマーン，カタール，バーレーンはいずれも石油産出量等に差はあるものの，いずれも産油国です。バーレーンは，タックスヘイブンで，国土の面積

は日本の奄美大島と同程度です。

また，イラクは，法人税と個人所得税の課税がありますが，相続税及び贈与税の課税はありません。法人税率は15％で，譲渡収益に課される税率も15％です。非居住者に対して支払われる利子所得，使用料所得の源泉徴収税率は15％です。

イランは，2002年2月に直接税を改正しています。法人税の最高税率は25％です。地方税が3％課されます。また，個人所得税の税率は，累進税率で最高が35％です。このほかに，2008年9月に導入した付加価値税（税率3％）があります。社会保険料は，基本給与の30％で，被用者が7％，雇用主が23％負担します。

中東産油国の1人当たりのGDP（US＄）

アラブ首長国連邦	38,620（2013年）
イラク	6,861（2013年）
イラン	5,165（2013年）
オマーン	21,456（2014年）
カタール	約10万（2013年）
クウェート	48,260（2013年）
サウジアラビア	25,454（2014年）
バーレーン	24,153（2013年）

ちなみに，アジアの産油国であるブルネイは，44,586 US＄（2013年）です。

(4) 租税条約の特徴

イ　投資所得の限度税率

各種所得の限度税率は次のとおりです。

	限度税率等
配当（親子間配当10％保有，期間6か月）	5％
一般配当	10％
利子所得	10％

利子所得(政府・中央銀行等)	免　税
使用料所得	10%

　ロ　租税条約濫用防止規定(PPT)

　議定書11に租税条約濫用防止として，次のような規定があります。

　「11　所得の支払又は取得の基因となる権利又は財産の設定又は移転に関与した者が，条約の特典を受けることを当該権利又は財産の設定又は移転の主たる目的の全部又は一部とする場合には，当該所得に対しては，条約に定める租税の軽減又は免除は与えられない。」

　この租税条約における減免を制限する規定は，対サウジアラビア租税条約第24条(減免の制限)では，「所得が生ずる基因となる株式，信用に係る債権又はその他の権利若しくは財産の設定又は移転に関与した者が，この条約の特典を受けることを当該設定又は移転の主たる目的の全部又は一部とする場合には，当該所得に対しては，この条約に定める租税の軽減又は免除は与えられない。」とほぼUAE租税条約と同様の規定です。

　香港，サウジアラビア両国ともに，居住地国としての課税が制限的であることから，UAEと同様ということで，UAE租税条約においても同様の規定が置かれたものと思われます。

　ハ　居住者の範囲

　議定書の2において，UAEにおける居住者として，(a)アラブ首長国連邦中央銀行，(b)アブダビ投資庁，(c)国際石油投資会社，(d)アブダビ投資評議会，(e)ドバイ投資公社，(f)ムバダラ開発会社が掲げられ，UAEにおける「一方の締約国の居住者」は，これらのものを含むが，これらに限らないことが了解される，と規定されています。UAE側は，租税条約の適用対象者について，広くその範囲を定めているといえます。

　ニ　国際運輸業所得の範囲

　議定書の3において，船舶又は航空機を国際運輸に運用することに関連して一時的に預金された資金に対する利子は，その船舶又は航空機の運用による所得とみなされ，当該利子については，条約第11条の規定が適用されない，と規定されています。一般に，国際運輸業を営む企業が源泉地国において投資所得を得た場合は，源泉地国免税となる国際運輸業所得に含まれないとするのが一

般的ですが，この規定は，例外的な意味があります。

　ホ　プリザベーション・クローズ

　議定書10に，次のようなプリザベーション・クローズが規定されています。

「次のものによって現在又は将来認められる非課税，免税，租税の軽減，所得控除，税額控除その他の租税の減免をいかなる態様においても制限するものと解してはならないことが了解される。

(a) 一方の締約国が課する租税の額を決定するに当たって適用される当該一方の締約国の法令

(b) 両締約国間の他の二国間協定又は両締約国が当事国となっている多数国間協定　　　　　　　　　　　　　　　　　　　　　　　　　　　　　　」

　この上記の規定は，日米租税条約第1条第2項にある規定と同様です。

　この規定の趣旨は，租税条約における税負担が，国内法等よりも重くなることがないように適用されることを定めたものです。

　UAEの国内法を適用した場合，実際の課税関係が生じないことも想定されることから，このような明文規定を置いたものと思われます。日米租税条約のように，プリザベーション・クローズを条約本文に定める条約例は少なく，多くは，租税条約の条理としてこのような公理が作用すると解するのが通常です。

(5) 対象税目（第2条）

　この租税条約における対象税目について，日本国については，所得税，法人税，復興特別所得税，復興特別法人税及び住民税が規定され，UAEについては，所得税と法人税が規定されています。また，国際運輸業所得（第8条）では，「第2条の規定にかかわらず，一方の締約国の企業は，船舶又は航空機を国際運輸に運用することにつき，アラブ首長国連邦の企業である場合には日本国における事業税，日本国の企業である場合には日本国における事業税に類似する租税でアラブ首長国連邦において今後課されることのあるものを免除される。」として，事業税の免除が規定されています。

(6) 恒久的施設（PE）（第5条）

　条約第5条のPE規定の第3項に規定するいわゆる建設PE（建築工事現場又は建設若しくは据付けの工事の工事現場等）は12か月を超える期間という期

間制限があります。

(7) 利子所得の免税となる者（第11条）

UAE側は，第11条第4項(b)の(1)から(v)以外に，(vi)として，UAE政府（UAEの地方政府及び地方公共団体を含む。）が資本の全部を所有するその他の類似の機関で両締約国の政府が外交上の公文の交換により随時合意するもの，も含むことを規定しています。

(8) 事業譲渡類似（第13条第3項，議定書7）

例えば，UAE法人が株式譲渡により日本において課税となる場合を想定します。UAE法人が内国法人の株式を譲渡して課税になる場合は，次の(a)及び(b)の要件を満たすことが必要となります。

(a) 譲渡者が所有する株式（当該譲渡者の特殊関係者が所有する株式であって当該譲渡者が所有する株式と合算されるものを含む。）の数が，当該譲渡が行われた課税年度中のいずれかの時点において当該法人の発行済株式の総数の25％以上であること。

(b) 譲渡者及びその特殊関係者が当該譲渡が行われた課税年度中に譲渡した株式の総数が，当該法人の発行済株式の総数の5％以上であること。

なお，議定書7では，UAEについて，一の首長国の政府が全面的に所有する機関は，UAEの他の首長国の政府が全面的に所有する機関との関係において，同条2及び3に規定する特殊関係者ではないことが規定されています。

この規定は，譲渡者が譲渡された法人の発行済株式の総数の25％以上を所有し，かつ，その株式の5％以上を譲渡した場合の所得については，源泉地国課税があるという内容です。なお，議定書では，UAEの異なる首長国の政府系機関（例えば，アブダビとドバイ）同士は，条約に規定する特殊関係者でないことが了解されているとしています。

(9) その他所得

その他所得は，居住地国課税です。

⑽ 情報交換

　最近の租税条約において新しい展開をみせている条項としては，相互協議条項における仲裁規定と情報交換条項における情報交換の範囲拡大等があります。対UAE租税条約では，前者の仲裁に係る規定は設けられませんでしたが，後者の情報交換について，第25条第5項において，提供を要請された情報が銀行その他の金融機関，名義人，代理人若しくは受託者が有する情報又はある者の所有に関する情報であることのみを理由として，一方の締約国が情報の提供を拒否することはできないことが定められています。対UAE租税条約は，中東の金融センターといわれているドバイに対して適用されるものです。その意味から，この租税条約における情報交換規定の役割は重いものがあります。

日本・イスラエル租税条約

① 租税条約の基礎データ

(1) イスラエルの概要

国　名	イスラエル国　Stare of Israel
人口（万人）	834（2015年）
民　族	ユダヤ人75%，アラブ人その他25%
言　語	ヘブライ語　アラビア語
宗　教	ユダヤ教75.1%，イスラム教17.3%，キリスト教1.9%，ドルーズ1.6%
歴　史	1947年国連総会はパレスチナをアラブ国家とユダヤ国家に分裂する決議を採択。イスラエルは48年独立を宣言しました。
GDP（億US＄）	2,727（2013年）
為替レート	1米ドル＝3.57新シェケル（2014年平均）

(2) 租税条約の基礎データ

	現行租税条約	原条約等
イスラエル	（署名）平成5年3月 （発効）平成5年12月	同　左
日本・イスラエル租税条約の正式名称	「所得に対する租税に関する二重課税の回避及び脱税の防止ための日本国とイスラエル国との間の条約」	

(3) 租税条約の条文構成

第1条（人的範囲）	第2条（対象税目）	第3条（一般的定義）
第4条（居住者）	第5条（恒久的施設）	第6条（不動産所得）
第7条（事業所得）	第8条（国際運輸業所得）	第9条（特殊関連企業）
第10条（配当）	第11条（利子）	第12条（使用料）

第13条(譲渡所得)	第14条(自由職業所得)	第15条(給与所得)
第16条(役員報酬)	第17条(芸能人等)	第18条(退職年金)
第19条(政府職員)	第20条(学生)	第21条(教授)
第22条(その他所得)	第23条(二重課税の排除)	第24条(無差別取扱い)
第25条(相互協議)	第26条(情報交換)	第27条(外交官)
第28条(発効)	第29条(終了)	議定書1〜4

(4) イスラエルの税制

法人税率	26.5%(2014年1月より)
外国法人支店税	26.5%
源泉徴収	配当0%, 15%, 20%, 25%, 30%, 利子0%, 26.5%, 使用料26.5%
支店送金税	なし
損失の繰戻	なし
損失の繰越	無制限
付加価値税	18%(標準税率)
個人所得税	25%(通常税率)
イスラエル個人居住者	①暦年で183日以上同国に滞在する者,又は②当年に30日以上で,かつ,当年及びそれ以前の2課税年度において累計425日以上滞在する者
土地評価税	土地の譲渡者は,その譲渡益にこの税が最高48%の税率で課されます。
遺産税・贈与税	なし

2 租税条約の解説

(1) 対象税目(第2条)

　日本は,所得税,法人税及び住民税です。イスラエルは,①所得税法及びその付属法令に従って課される税,②土地評価税法(Land Appreciation Tax

Law) に従い財産の譲渡に対して課される税，です。

(2) 居住者（第4条・議定書1）

本条第2項に個人双方居住者は，振分け規定の適用により決定することになっています。個人以外のものは，その者の本店又は主たる事務所の所在地の居住者とみなされます。議定書1において，「本店又は主たる事務所」は，同条1に定める「法人の設立場所」の意義を有することと了解されています。

(3) 恒久的施設（PE）（第5条）

建設工事等は，12か月を超えるとPEとなります。代理人PEは従属代理人のみです。

(4) 事業所得（第7条）

本条の各項は，第1項帰属主義，第2項独立企業の原則，第3項本店配賦経費，第4項所得配分によりPE利得の算定，第5項単純購入非課税の原則，第6項所得計算の継続性，第7項他の規定との関係，です。特に他の租税条約と変わった点はありません。

(5) 国際運輸業所得（第8条・議定書2）

国際運輸業所得は，相互免除として居住地国のみで課税されます。日本の事業税及びイスラエルで今後課されるであろう事業税類似の税は免税です。議定書2では，船舶又は航空機を国際運輸に運用することによって取得する利得には，国際運輸に使用されるコンテナ（コンテナの運送のためのトレーラー及び関連設備を含む。）の使用から取得する利得も含まれることが了解されました。ただし，当該利得が同条1の規定の適用を受ける利得に付随するものである場合に限られます。

(6) 特殊関連企業（第9条）

本条第2項に対応的調整の規定があります。

(7) **配当所得（第10条），利子所得（第11条），使用料所得（第12条）**

各種所得の限度税率は次のとおりです。

	限度税率
親子間配当（議決権株式の25％以上6か月保有）	5％
一般配当	15％
利子所得	10％
利子所得（政府・中央銀行等）	免　税
使用料所得	10％

　第12条第1項，第2項及び第4項の規定は，文学上，美術上若しくは学術上の著作物（ソフトウェア，映画フィルム，ビデオテープ及びラジオ放送用又はテレビジョン放送用のフィルム又はテープを含む。）の著作権，特許権，商標権，意匠，模型，図面，秘密方式又は秘密工程の譲渡から生ずる収入についても，同様に適用となります。ただし，その収入に係る収益について第13条第2項（PEの事業用資産の譲渡）の規定が適用される場合は，第13条第2項が優先適用となります。

(8) **譲渡収益（第13条・議定書3）**

　株式等の譲渡収益は源泉地国課税です。不動産化体株式，事業譲渡類似の譲渡収益に係る規定はありません。議定書3では，一方の締約国の居住者が取得する収益であって他方の締約国内において生ずるものとは，当該他方の締約国の法令に基づいて当該他方の締約国で租税を課することができる収益をいうものと了解されました。

(9) **自由職業所得（第14条）**

　医師，弁護士等の自由職業者の所得は，固定的施設を有する場合にその固定的施設に帰属する所得についてのみ課税されます。

(10) **給与所得（第15条）**

　短期滞在者免税は暦年基準で183日ルールです。

(11) **役員報酬（第16条）**

法人の所在地国でも課税ができます。

(12) **芸能人等（第17条）**

芸能法人等のPE課税については，第6条に規定があります。芸能人等の課税は，その活動を行った国において行うことになります。

もっとも，そのような活動が両締約国の政府の間で合意された文化交流のための特別の計画に基づき他方の締約国の居住者である個人により行われる場合には，その所得については，そのような活動が行われた締約国において租税が免除されます。

(13) **退職年金（第18条）**

退職年金及び保険年金は，その受領者の居住地国で課税になります。

(14) **政府職員（第19条）**

政府職員に対する報酬は，原則として派遣国において課税となります。ただし，接受国の国民が受領者の場合は接受国で課税です。

(15) **学生（第20条）**

学生及び事業修習者は，生計，教育，勉学のための海外からの送金が免税です。

(16) **教授（第21条）**

2年間滞在地国免税です。

(17) **その他所得（第22条）**

その他所得は，原則として源泉地国課税です。

(18) **二重課税の排除（第23条）**

二重課税の排除は税額控除方式です。

⑲ **無差別取扱い（第24条・議定書4）**

本条第2項の規定は，イスラエル内にある恒久的施設が得た利得のイスラエルの国外への処分に対し，イスラエルが租税を課することを妨げるものと解してはならないことが了解されました。ただし，当該恒久的施設の利得に課されるイスラエルの租税の総額は，イスラエルの居住者である法人の同一の額の利得に対して課されることとなる租税の額を超えてはならないことになっています。

⑳ **相互協議（第25条）**

申立て期限は3年です。

日本・オマーン租税条約

❶ 租税条約の基礎データ

(1) オマーンの概要

国　名	オマーン国　Sultanate of Oman
人口（万人）	415（2015年）
言　語	アラビア語（公用語）
宗　教	イスラム教
政　体	君主制
主要産業	石油関連業，農漁業，観光業
2012年財務省貿易統計資料	日本への輸出が5,475億円，日本からの輸入が2,859億円，日本のオマーン原油に対する依存度は，2.7％です。
GDP（億US＄）	771（2014年）
為替レート	1米ドル＝0.384RO（オマーン・リアル）

(2) 租税条約の基礎データ

	現行租税条約	原条約等
オマーン	（署名）平成26年1月 （発効）平成26年9月	同　左
日本・オマーン租税条約の正式名称	「所得に対する租税に関する二重課税の回避及び脱税の防止のための日本国政府とオマーン国政府との間の協定」	

(3) 租税条約の条文構成

第1条（対象となる者）	第2条（対象となる租税）	第3条（一般的定義）
第4条（居住者）	第5条（恒久的施設）	第6条（不動産所得）

第7条（事業利得）	第8条（海上運送及び航空運送）	第9条（関連企業）
第10条（配当）	第11条（利子）	第12条（使用料）
第13条（譲渡収益）	第14条（独立の人的役務）	第15条（給与所得）
第16条（役員報酬）	第17条（芸能人及び運動家）	第18条（退職年金）
第19条（政府職員）	第20条（学生及び事業修習者）	第21条（その他所得）
第22条（二重課税の除去）	第23条（無差別待遇）	第24条（相互協議手続）
第25条（情報の交換）	第26条（外交使節団及び領事機関の構成員）	第27条（見出し）
第28条（効力発生）	第29条（終了）	議定書

(4) オマーンの税制

法人税率	12%（2010年より）
源泉徴収	非居住者に対して支払われる使用料，試験研究費，経営管理料，会社のソフトウェアの使用或いは使用の権利に対する対価については，10%
個人所得税	基本的に課税なし
個人自営業者	所得が3万オマーン・リアルを超える部分については12%の税率が適用

❷ 租税条約の解説

(1) 本協定の概要

　本協定は，条文29条，付属の議定書11条から構成されています。

　本協定には，租税条約の濫用防止に係る規定として，議定書6に規定があります。

　この議定書6の規定は，詳細な特典制限条項のある日米租税条約等とは別にある規定で，主要目的テスト（PPT）といわれる規定です。

(2) 対象となる租税（第2条）

日本は，所得税，法人税，復興特別所得税，復興特別法人税及び住民税です。オマーンは，所得税です。

(3) 恒久的施設（PE）（第5条）

本条第3項に規定する建設PEの存続期間は，9か月です。

(4) 不動産所得（第6条・議定書3）

本協定議定書第3条は，本条第2項に規定する「農業」には，魚の養殖を含むとされています。

(5) 事業所得（第7条・議定書4）

本条の各項は，第1項帰属主義，第2項独立企業の原則，第3項本店配賦経費，第4項所得配分によりPE利得の算定，第5項単純購入非課税の原則，第6項所得計算の継続性，第7項他の規定との関係，の基本7項型です。

議定書第4条に本店配賦経費に関して，次の規定があります。

「4　協定第7条3の規定に関し，同規定は，恒久的施設が存在する締約国が，当該締約国の課税目的のために当該恒久的施設の課税所得を決定するに当たり，控除に関する当該締約国の法令を適用することを妨げるものではないことが了解される。」

(6) 海上運送及び航空運送（第8条・議定書5）

国際運輸業所得は基本的に源泉地国免税ですが，国際運輸業者が取得する利子所得については，源泉地国免税から外されるのが通常です。しかし，本協定議定書第5条では次のように規定され，国際運輸業に関連して取得した資金の預金利子は，源泉地国免税としています。

「5　協定第8条の規定に関し，次のことが了解される。(a)船舶又は航空機を国際運輸に運用することに関連して銀行に一時的に預金された資金に対する利子は，同条に規定する船舶又は航空機を運用することによって取得する利得とみなされ，協定第11条に規定する利子とはみなされないこと。」

(7) 関連企業条項（第9条）

オマーンの税制では，関連者間取引を通じての租税回避を防止するために，移転価格による価格操作を防止する措置がとられています。また，これ以外にも，租税回避否認規定があり，関連者間取引が独立企業間価格で行われていない場合，課税当局がこれらの取引等を否認することができるとしています。本協定第9条第3項では，移転価格税制の更正期限は10年です。

(8) 配当（第10条），利子（第11条），使用料（第12条）

各種所得の限度税率は次のとおりです。

	限度税率等
親子間配当（議決権株式の10％以上の直接・間接保有が6か月以上）	5％
一般配当	10％
利子所得	10％
利子所得（政府・中央銀行等）	免　税
使用料所得	10％

利子については議定書第7条において，日本の年金基金が受益者となる利子については，源泉地国免税としています。

使用料の範囲（第12条第3項）には，「産業上，商業上若しくは学術上の設備の使用若しくは使用の権利の対価」が含まれています。

(9) 譲渡収益条項（第13条）

同条第2項には，不動産化体株式に係る規定（資産の価値の50％以上が第6条に規定する不動産であって他方の締約国内に存在するものにより直接又は間接に構成される法人，組合又は信託財産に限る。）と第3項には，国から資金援助を受けた金融機関株式の譲渡に係る規定があります。前者については，事業譲渡株式に係る規定が本協定にはないことから，本協定適用上，株式の譲渡に関しては，前出の第2項及び第3項の適用の場合を除いて，第6項適用により居住地国課税ということになります。

⑽　独立の人的役務（第14条）

　独立した資格を有する者の役務提供所得については，OECDモデル租税条約がこの規定を削除して，事業所得条項の適用としているのに対して，本協定は自由職業所得条項を規定しています。

⑾　給与所得条項（第15条）

　同条第2項に規定する短期滞在者免税について，暦年基準ではなく，「(a)当該課税年度において開始し，又は終了するいずれの12か月の期間においても，報酬の受領者が当該他方の締約国内に滞在する期間が合計183日を超えないこと。」という12か月基準が採用されています。

⑿　役員条項（第16条）

　議定書第9条により，「法人の役員」には，オマーン国の居住者である法人の経営委員会その他これに類する機関であって，オマーン国の関係法令に規定するものの構成員を含むものとされました。役員報酬は，法人の居住地国で課税することができます。

⒀　匿名組合（議定書10）

　匿名組合課税について，協定のいかなる規定も，日本が，匿名組合契約又はこれに類する契約に基づいて取得される所得及び収益に対して，日本国の法令に従って源泉課税することを規定している。

⒁　相互協議条項（第24条）

　相互協議の申立ては，課税に係る通知を受けた日から3年以内です。

⒂　情報交換条項（第25条・議定書11）

　情報交換の対象となる者及び対象税目は，本協定第1条及び第2条に規定されたものに限定されていません。また，交換される情報には，金融機関情報も含まれています。

日本・カタール租税条約

❶ 租税条約の基礎データ

(1) カタールの概要

国　名	カタール国　State of Qatar
人口（万人）	226（2014年）
民　族	アラブ人
言　語	アラビア語
宗　教	イスラム語
歴　史	独立：1971年9月3日
GDP（億US＄）	2,101（2014年）
為替レート	1米ドル＝3.65カタール・リヤル

(2) 租税条約の基礎データ

	現行租税条約	原条約等
カタール	（署名）平成27年2月 （発効）平成27年11月	同　左
日本・カタール租税条約の正式名称	「所得に対する租税に関する二重課税の回避及び脱税の防止のための日本国政府とカタール国政府との間の協定」	

(3) 租税条約の条文構成

第1条（対象となる者）	第2条（対象となる租税）	第3条（一般的定義）
第4条（居住者）	第5条（恒久的施設）	第6条（不動産所得）
第7条（事業利得）	第8条（海上運送及び航空運送）	第9条（関連企業）
第10条（配当）	第11条（利子）	第12条（使用料）

第13条(譲渡収益)	第14条(独立の人的役務)	第15条(給与所得)
第16条(役員報酬)	第17条(芸能人及び運動家)	第18条(退職年金及び保険年金)
第19条(政府職員)	第20条(学生)	第21条(その他所得)
第22条(二重課税の除去)	第23条(無差別待遇)	第24条(相互協議手続)
第25条(情報の交換)	第26条(外交使節団及び領事機関の構成員)	第27条(見出し)
第28条(効力発生)	第29条(終了)	議定書11及び交換公文

(4) カタールの税制

法人税率	10% 石油関係の法人所得には35%
外国法人支店税	10%
源泉徴収	配当0%, 利子7%, 使用料5%
カタールの税制の特徴	カタール居住者の設立した内国法人は, 基本的に課税がないことから, パートナーシップ或いは合弁企業を含む外国法人がカタール国内源泉所得について課税となります。また, 外国資本がその持分の一部を有する内国法人の場合, 外資持分相当額の利益に課税となります。カタール居住者及びGCC諸国の市民がすべての株式を有するカタール居住法人は課税が免除となります。また, カタール居住法人で, カタール居住者及びGCC諸国の市民以外の株式所有がある場合, GCC市民以外及びGCC市民でカタール居住者でない者の所有割合相当額は, 課税対象となります。
所得税・相続税	な し

(注) GCCについては, アラブ首長国連邦のページに説明があります。

❷ 租税条約の解説

(1) カタールは軽課税国

　前出の「カタールの税制」で述べたように, カタールの法人税率は10%であ

り，香港，シンガポールよりも低税率です。タックスヘイブン対策税制の適用上，適用除外の適用も想定され，かつ，内国法人等が，同国に特定外国子会社等を有する可能性も低いものと思われますが，一応の注意事項です。

(2) 投資所得に対する本条約の適用

投資所得に対する日本における源泉徴収では，本条約に定められた限度税率の適用となり，カタール居住者である法人等にとっては，日本における税負担の減少という結果となるが，カタールにおける源泉徴収では日本における状況と異なることになります。

配当所得	親子間配当（持株要件10%以上6か月保有）	5％
	一般配当	10％
	カタール国内法	課税なし
利子所得	政府・金融機関受取利子	免　税
	一般利子	10％
	カタール国内法	7％
使用料所得		5％

上記の表から明らかなように，使用料所得には問題はありませんが，配当所得及び利子所得について，本条約の限度税率よりもカタール国内法の源泉徴収税率が低い率となっています。このような例は，日本・香港租税条約にあり源泉徴収が使用料所得にしか適用のない香港の場合，租税条約に定める限度税率が香港国内法の源泉徴収税率を上回る事態となっています。この場合は，租税条約に内在するプリザベーション・クローズが働いて，低い国内法の税率が適用となり，結果として，カタールにおける源泉徴収の課税では，配当所得は課税なし，一般の利子所得は7％となります。

(3) カタール居住者の規定（第4条）

カタールの個人居住者は，カタール内に恒久的住居を有し，いずれかの12か月の間に連続し若しくは分離した183日を超える期間滞在し又は重要な利害関係の中心がある自然人であり，法人等居住者は，カタールの法令に基づいて設立され又はカタール内に本店若しくは事業の実質的な管理の場所を有する法人

格を有する団体です。

(4) サービスPE (第5条)

　日本の租税条約例では，対ニュージーランド改正租税条約にサービスPEの規定があります。本協定の規定は，「企業が行う役務の提供（コンサルタントの役務の提供を含む。）であって，使用人その他の職員（当該役務の提供のために採用されたものに限る。）を通じて行われるもの。ただし，このような活動が単一の又は関連するプロジェクトについていずれかの12か月の間に合計183日を超える期間一方の締約国内において行われる場合に限る。」です。例えば，内国法人がコンサルタントをカタールに派遣して役務提供をする場合，その滞在期間がいずれかの12か月中に183日を超えて行われた場合，コンサルタントを派遣した内国法人がカタール国内に恒久的施設（PE）を有しているものとして課税になるという規定です。

(5) 事業所得 (第7条)

　規定は全6項ですが，内容としては基本7項型です。

(6) 国際運輸業所得 (第8条)

　海上運送及び航空運送を規定する国際運輸業所得については，他の条約例と異なることはありませんが，交換公文において，平成21年（2009年）5月21日付で交換した「船舶又は航空機を国際運輸に運用することに係る所得に対する二重課税の回避に関する取極」は，本協定に国際運輸業所得に係る規定が設けられたことで終了となりました。

(7) 移転価格課税に係る対応的調整 (第9条)

　第9条（関連企業）第2項に，移転価格課税に係る対応的調整が規定されました。

(8) 不動産化体株式 (第13条) 等

　その資産の価値の50％以上が不動産である法人，組合又は信託財産の株式又は持分の譲渡によって取得する収益に対しては，その不動産所在地国において

課税することができることが規定されています。ただし，当該譲渡に係る株式等が公認の有価証券市場において取引され，かつ，当該株式等の数が，同種の株式等の総数の5％以下である場合は，課税にはなりません。また，一般の株式等の譲渡収益は居住地国課税です。

(9) 自由職業所得（第14条）

OECDモデル租税条約ではこの規定は削除して事業所得条項の適用としていますが，本条は，独立した資格を有する者（医師，弁護士等）の役務提供所得について，源泉地国に固定的施設の存在，又は，いずれかの12か月の期間において，合計183日以上の期間当該他方の締約国内に滞在する場合を要件に源泉地国課税を規定しています。

(10) 給与所得（第15条）

短期滞在者免税の規定は，OECDモデル租税条約と同様にいずれかの12か月の期間で183日を超えないというものです。

(11) 匿名組合契約に係る所得の課税（議定書8）

この規定は，日本の最近の租税条約の特徴の1つである匿名組合所得の課税に係る規定です。議定書8は，「協定のいかなる規定も，日本国が，匿名組合契約又はこれに類する契約に基づいて取得される所得及び収益に対して，日本国の法令に従って源泉課税することを妨げるものではない。」と規定しています。

(12) 学生（第20条）

専ら教育又は訓練を受けるため一方の締約国内に滞在する学生，事業修習者又は研修員は，現に他方の締約国の居住者であるもの又はその滞在の直前に他方の締約国の居住者であったものがその生計，教育又は訓練のために受け取る給付（当該一方の締約国外から支払われるものに限る。）について，免税となります。事業修習者又は研修員の免税期間は，最初に訓練を開始した日から3年を超えない期間についてのみ適用されます。

⒀ 相互協議条項（第24条）

相互協議の申立ては，課税に係る通知を受けた日から3年以内と規定されています。

⒁ 情報交換条項（第25条）

情報交換の対象となる者及び対象税目は，本協定第1条及び第2条に規定されたものに限定されません。また，交換される情報には，金融機関情報も含まれています。

⒂ 租税回避防止規定（議定書11）

この規定は，議定書11に「協定の規定に関し，所得が生ずる基因となる株式，信用に係る債権又はその他の権利若しくは財産の設定又は移転に関与した者が，協定の特典を受けることを当該設定又は移転の主たる目的の全部又は一部とする場合には，当該所得に対しては，協定に定める租税の軽減又は免除は与えられないことが了解される。」と規定されています。この規定は，対サウジアラビア租税条約等にある規定と同じものであり，本条約の濫用防止を目的としたものです。

日本・クウェート租税条約

① 租税条約の基礎データ

(1) クウェートの概要

国　名	クウェート国　State of Kuwait
人口（万人）	428（2016年）
民　族	アラブ人
言　語	アラビア語
宗　教	イスラム教
歴　史	1961年独立，1990年8月イラクによる侵攻，1991年2月解放
GDP（億US＄）	1,726（2014年）
為替レート	1クウェート・ディナール（KD）＝3.52米ドル（2014年平均，クウェート中央銀行）

(2) 租税条約の基礎データ

	現行租税条約	原条約等
クウェート	（署名）平成22年2月 （発効）平成25年6月	同　左
日本・クウェート租税条約の正式名称	「所得に対する租税に関する二重課税の回避及び脱税の防止のための日本国とクウェート国との間の条約」	

(3) 租税条約の条文構成

第1条（対象となる者）	第2条（対象となる租税）	第3条（一般的定義）
第4条（居住者）	第5条（恒久的施設）	第6条（不動産所得）
第7条（事業利得）	第8条（国際運輸）	第9条（関連企業）
第10条（配当）	第11条（利子）	第12条（使用料）

第13条(譲渡収益)	第14条(給与所得)	第15条(役員報酬)
第16条(芸能人及び運動家)	第17条(退職年金)	第18条(政府職員)
第19条(学生)	第20条(匿名組合)	第21条(その他所得)
第22条(二重課税の除去)	第23条(無差別待遇)	第24条(相互協議手続)
第25条(情報の交換)	第26条(雑則)	第27条(外交使節団及び領事機関の構成員)
第28条(見出し)	第29条(効力発生)	第30条(終了)

(4) クウェートの税制

法人税率	15% 石油関係の法人所得には35%
外国法人支店税	10%
個人所得税,財産税,相続税,贈与税及び源泉徴収の規定	なし
法人の納税義務者	クウェートの税制では,外国法人(パートナーシップを含む。)は,同国内で行う事業等からの所得について課税を受けることになります。また,クウェート国内に代理人が所在して外国企業に代わって事業活動を行う場合,当該外国法人はクウェートで同国源泉所得に課税となります。

❷ 租税条約の解説

(1) 対象税目(第2条)

　対象税目ですが,日本は,所得税,法人税,住民税です。クウェートは,①法人所得税,②クウェート科学振興財団(KFAS)に支払われる分担金,③クウェート資本の法人の純利得から国家予算を支援するために支払われる分担金,④ザカート,⑤クウェート国民である使用人を支援するために課される税,です。

　対象税目については,クウェート国民が出資している同国内国法人に対しては,法人所得税課税のないことに留意が必要です。また,上記②〜⑤について

は，わが国の税制とはなじみのないクウェート独特の税目です。

(2) 一般的定義（第3条）

　一般的定義の規定における「国民」の定義において，クウェートについては，クウェートの国籍を有するすべての個人及びクウェートにおいて施行されている法令によってその地位を与えられたすべての法人，組合又は団体，が含まれています。

(3) 居住者（第4条）（議定書1）

　この条約の適用上，「一方の締約国の居住者」とは，当該一方の締約国の法令の下において，住所，居所，本店又は主たる事務所の所在地その他これらに類する基準により当該一方の締約国において課税を受けるべきものとされる者をいい，当該一方の締約国及び当該一方の締約国の地方政府又は地方公共団体を含む，と，居住者に関して，他の条約と同様の規定です。

　また，居住者条項（本条約第4条）第2項には，双方居住者の振分け規定があります。

　さらに議定書1において，「一方の締約国の居住者」には，次のものが含まれます。
　① 当該一方の締約国の法令に基づいて設立された年金基金
　② 当該一方の締約国が資本を所有する組織，機関又は団体（当該一方の締約国が当該一方の締約国以外の1又は2以上の国と資本を所有するものを含む。）であって，当該一方の締約国の法令に基づいて設立されており，かつ，宗教，慈善，教育，科学，芸術，文化その他公の目的のために運営されるもの

　さらに，同議定書において，クウェートについては，「一方の締約国の居住者」には，次のものを含まれることが規定されています。
　① クウェートの国籍を有する個人（当該個人が，クウェート内に実質的に所在し，又は恒久的住居若しくは常用の住居を有し，かつ，当該個人のクウェートにおける人的及び経済的関係が，クウェート以外の国における人的及び経済的関係よりも密接である場合に限る。）
　② クウェートにおいて設立された法人であって，クウェート内に本店又は

主たる事務所を有するもの

(4) 恒久的施設（PE）（第5条）（議定書2）

　この条約の適用上，「恒久的施設」とは，事業を行う一定の場所であって企業がその事業の全部又は一部を行っているものをいう，と規定し，恒久的施設の例示としては，事業の管理の場所，支店，事務所，工場，作業場及び鉱山，石油又は天然ガスの坑井，採石場その他天然資源を採取する場所が規定されています。

　建築工事現場又は建設若しくは据付けの工事のいわゆる建設 PE の判定基準として，本条約は，これらの工事現場又は工事が9か月を超える期間存続する場合には，恒久的施設を構成するものとする，としています。

　日本の締結している租税条約例では，一般的には，12か月（例：日米租税条約等），6か月が，対インド，韓国，シンガポール，スリランカ，中国，トルコ，バングラデシュ，ブラジル，マレーシア，メキシコの各租税条約であり，対タイ租税条約のみが3か月基準です。したがって，12か月と6か月の中間を採用したような9か月という基準は，本条約が最初の例です。

　準備的補助的活動に関する規定及び代理人 PE に関する規定は，OECD モデル租税条約と同様です。なお，独立代理人の規定（本条約第5条6）の適用上，一方の締約国の企業が当該一方の締約国内で他方の締約国の企業の独占販売業者として活動し，又は他方の締約国の企業と独占販売契約を有するという事実のみによっては，いずれの一方の企業も，他方の企業の恒久的施設とはされません。

(5) 事業利得（第7条，第8条）

　本条の各項は，第1項帰属主義，第2項独立企業の原則，第3項本店配賦経費，第4項所得配分により PE 利得の算定，第5項単純購入非課税の原則，第6項所得計算の継続性，第7項他の規定との関係，です。特に他の租税条約と変わった点はありません。

　本条約第8条の「国際運輸」において，クウェート企業にとって日本の事業税，日本企業にとって日本の事業税に類似するクウェートの税を課されることから免除されることが規定されています。なお，議定書4に国際運輸業所得に

含まれる利得が規定されています。

(6) 投資所得（配当，利子，使用料）（議定書5，6）

投資所得に対する限度税率は次のとおりです。

所得区分	限度税率
親子間配当（6月以上所有，議決権株式の持株割合10％以上）	5％
一般配当	10％
利　子	10％
使用料	10％

　本条約の投資所得に係る規定では，受益者概念が使用され，これらの所得を受け取る者が，真の受領者であるという受益者でない場合は，限度税率の適用がないことになります。

　利子所得に関しては，両国の政府，中央銀行，所定の政府が全面的に所有する機関は源泉地国における課税が免除となります。また，議定書により，クウェート源泉の利子所得で，日本国の法令に基づいて設立された年金基金が受益者であるものに対しては，クウェートの課税は免除となります。

(7) 譲渡収益（第13条）（議定書7，8）

　譲渡収益の規定では，不動産化体株式の株式譲渡に関しては，源泉地国課税となります。

(8) 給与所得等（第14条，第15条）（議定書9）

　給与所得及び役員報酬に関する本条約の規定は，わが国が締結している租税条約例と同様の内容です。クウェートでは，既に述べたように，現在のところ個人所得税の課税がなく，外国人社員についてもクウェート国民と同様の取扱いです。したがって，個人に係る所得税課税については，現行では日本における課税関係にのみ関連することになります。ただし，将来的に，クウェートの国内法が改正されることもあるので，この課税は，「現在のところ」という但書きの付く事項です。

　議定書では，給与所得の例外として，一方の締約国の政府が全面的に所有す

る航空運送人の使用人であって，現に当該一方の締約国の居住者である者又は他方の締約国の滞在の直前に当該一方の締約国の居住者であった者が当該他方の締約国内において航空運送人に対し提供する役務について受け取る報酬に対しては，当該他方の締約国においては，租税を課することができません。ここに定める租税の免除は，当該使用人が当該他方の締約国内において役務の提供を開始した日から5年を超えない期間についてのみ適用する，として課税免除の期間制限を設けています。

(9) 学生・事業修習者（第19条）

　課税の免除期間について，学生に関しては規定されていませんが，事業修習者に関しては，滞在地国において訓練を開始した日から1年を超えない期間となっています。

(10) 匿名組合（第20条）

　本条は，この条約の他の規定にかかわらず，匿名組合契約その他これに類する契約に関連して匿名組合員が取得する所得及び収益に対しては，当該所得及び収益が生ずる締約国において当該締約国の法令に従って租税を課することができる，と規定しています。

(11) 情報交換（第25条）（議定書12）

　本条約第25条5に，「3の規定は，提供を要請された情報が銀行その他の金融機関，名義人，代理人若しくは受託者が有する情報又はある者の所有に関する情報であることのみを理由として，一方の締約国が情報の提供を拒否することを認めるものと解してはならない。」と規定されたのです。この規定は，従来の租税条約の情報交換規定にはないものです。

　なお，本条約議定書12には，条約第25条5の規定に関し，一方の締約国は，弁護士その他の法律事務代理人がその職務に関してその依頼者との間で行う通信に関する情報であって，当該一方の締約国の法令に基づいて保護されるものについては，その提供を拒否することができる，と規定されています。

　したがって，本条約は，最近の新しい情報交換規定を含む租税条約ということになり，金融機関の保有する情報等の交換が可能になったのですが，弁護士

等の保有する情報の交換には一定の制限があります。

⑿ プリザベーション・クローズ

本条約は，第26条（雑則）において，プリザベーション・クローズが規定されています。条文としては，次のとおりです。

「この条約の規定は，次のものによって現在又は将来認められる非課税，免税，所得控除，税額控除その他の租税の減免をいかなる態様においても制限するものと解してはならない。

(a) 一方の締約国が課する租税の額を決定するに当たって適用される当該一方の締約国の法令
(b) 両締約国間の他の二国間協定又は両締約国が当事国となっている多数国間協定」

この規定の役割は，租税条約が，両締約国の国内法及び両締約国間の他の協定に定める租税の減免措置を制限するものにはならないという内容ですが，この規定の意味は，租税条約が適用された結果，国内法よりも税負担が増えるということはないということです。

日本・サウジアラビア租税条約

① 租税条約の基礎データ

(1) サウジアラビアの概要

国　名	サウジアラビア王国　Kingdom of Saudi Arabia
人口（万人）	3,089（2014年），自国民73％
民　族	アラブ人
言　語	アラビア語
宗　教	イスラム教
GDP（億US＄）	6,535（2015年）
経　済	サウジアラビアは世界最大級の石油埋蔵量，生産量及び輸出量を誇るエネルギー大国。輸出総額の9割，財政収入の8割を石油に依存
為替レート	1米ドル＝3.75サウジアラビア・リヤル（SR）（固定レート）

(2) 租税条約の基礎データ

	現行租税条約	原条約等
サウジアラビア	（署名）平成22年11月 （発効）平成23年9月	同　左
日本・サウジアラビア租税条約の正式名称	「所得に対する租税に関する二重課税の回避及び脱税の防止のための日本国政府とサウジアラビア王国政府との間の条約」	

(3) 租税条約の条文構成

第1条（対象となる者）	第2条（対象となる租税）	第3条（一般的定義）
第4条（居住者）	第5条（恒久的施設）	第6条（不動産所得）

第7条（事業利得）	第8条（海上運送及び航空運送）	第9条（関連企業）
第10条（配当）	第11条（債券から生じた所得）	第12条（使用料）
第13条（譲渡収益）	第14条（独立の人的役務）	第15条（給与所得）
第16条（役員報酬）	第17条（芸能人及び運動家）	第18条（退職年金）
第19条（政府職員）	第20条（教員及び研究員）	第21条（学生）
第22条（その他所得）	第23条（二重課税の除去）	第24条（減免の制限）
第25条（相互協議手続）	第26条（情報の交換）	第27条（外交使節団及び領事機関の構成員）
第28条（見出し）	第29条（効力発生）	第30条（終了）
議定書1～19		

(4) サウジアラビアの税制

法人税率	サウジアラビアにおいて所得税は1950年に導入され，2004年7月30日から施行された改正所得税法では，GCC加盟国の法人を除いた法人は，20％の法人税率の適用ですが，天然ガスの会社は30～85％，石油等の事業会社は85％の税率が適用となります。
ザカート	この税は，サウジアラビア又はGCCの国民及びこれらの者が所有する法人に対して課され，所定の資本（固定資産に投資されている部分を除く。）に対して2.5％の率で課税となります。
個人所得税：免税の要件	サウジアラビア国民及びGCC加盟国の国民でサウジアラビアの居住者は，個人所得税の課税がありません。サウジアラビア居住者となる要件は，①サウジアラビア国内に常用の住居を有しかつ課税年度中に総計30日以上国内に滞在した場合，又は②課税年度中に183日以上国内に滞在した場合，です。
所得税の納税義務者	給与所得者，事業所得者，非居住者が受領する投資所得で，いずれも所得税率は20％の比例税率です。

非居住者に対する源泉徴収	使用料所得に対する15％等

❷ 租税条約の解説

(1) 対象税目（第2条）
サウジアラビアの税目として上述のザカートが規定されています。

(2) 恒久的施設（PE）（第5条）
恒久的施設条項（条約第5条第7項）に，保険業を営む一方の締約国の企業が，他方の締約国内で保険料の受領をする場合又は当該他方の締約国内で生ずる危険に係る保険を引き受ける場合には，当該企業は，当該他方の締約国内に恒久的施設を有するものとされる，と規定されています。

建築工事現場若しくは建設，組立て若しくは据付けの工事又はこれらに関連する監督活動はその現場，工事又は活動が183日を超える期間存続するものは恒久的施設となります。また，企業が使用人その他の職員（役務の提供のために雇用したものに限る。）を通じて行う当該役務の提供（コンサルタントの役務の提供を含む。）であって，このような活動が単一の工事又は関連する工事について12か月の間に合計183日を超える期間行われるものは恒久的施設になります。

(3) 事業利得（第7条，議定書）
事業の利得に関して議定書に次の2つが規定されています。
① 役務の提供（コンサルタントの役務の提供を含む。）から得られる一方の締約国の企業の利得については，他方の締約国内にある恒久的施設によって当該活動が実際に行われた結果得られる利得のみが当該他方の締約国内にある恒久的施設に帰せられるものとします。
② 企業の恒久的施設が当該企業の本店又は当該企業の他の事務所に支払った又は振り替えた支払金（実費弁償に係るものを除く。）で次に掲げるものについては，損金不算入となります。

(a) 特許権その他の権利の使用の対価として支払われる使用料,報酬その他これらに類する支払金
(b) 特定の役務の提供又は事業の管理の対価として支払われる手数料
(c) 当該恒久的施設に対する貸付けに係る債権から生じた所得（当該企業が銀行業を営む企業である場合を除く。）

(4) 投資所得の限度税率の適用

投資所得に対する限度税率は次のとおりです。

所得区分	限度税率
親子間配当（183日以上所有,議決権株式の持株割合10％以上）	5％
一般配当	10％
債権から生じた所得	10％
政府,中央銀行等	免税
使用料（設備の使用）	5％
使用料（その他）	10％

日本の内国法人が支払う配当で,サウジアラビア居住者が受益者であるものについては,次の(a)及び(b)の規定に該当する場合に限り,親子間配当の限度税率の5％の適用となります。

(a) 当該配当の受益者が,当該配当の支払を受ける者が特定される日をその末日とする183日の期間を通じ,当該配当を支払う法人の議決権のある株式の10％以上を直接又は間接に所有する法人である場合
(b) 当該配当を支払う法人が,日本国における課税所得の計算上受益者に対して支払う配当を控除することができない場合

(5) 関連企業（第9条）

移転価格税制の調査期限が7年となっています。

(6) 自由職業所得（第14条）

現行の租税条約の多くが廃止している自由職業所得条項が規定されています。

(7) **給与所得（第15条）**
短期滞在者免税の183日ルールの判定は，いずれかの12か月の規定です。

(8) **事業修習者等への課税の免除**
事業修習者又は研修員に与えられる課税の免除は，当該事業修習者又は研修員が滞在する当該一方の締約国において訓練を開始した日から2年を超えない期間にのみ適用となります。

(9) **匿名組合等に係る所得**
匿名組合契約等による所得は，源泉地国課税となります。

(10) **情報交換**
本条約は，金融機関の情報等も交換の対象としています。

日本・トルコ租税条約

1 租税条約の基礎データ

(1) トルコの概要

国　名	トルコ共和国　Republic of Turkey
人口（万人）	7,874（2015年）
民　族	トルコ人
言　語	トルコ語
宗　教	イスラム教（スンニ派，アレヴィー派）が大部分
GDP（億US＄）	7,199
為替レート	トルコ・リラ＝40円（2016年4月時点）

(2) 租税条約の基礎データ

	現行租税条約	原条約等
トルコ	（署名）平成5年3月 （発効）平成6年12月	同　左
日本・トルコ租税条約の正式名称	「所得に対する租税に関する二重課税の回避及び脱税の防止のための日本国とトルコ共和国との間の条約」	

(3) 租税条約の条文構成

第1条（人的範囲）	第2条（対象税目）	第3条（一般的定義）
第4条（居住者）	第5条（恒久的施設）	第6条（不動産所得）
第7条（事業所得）	第8条（国際運輸業所得）	第9条（特殊関連企業）
第10条（配当）	第11条（利子）	第12条（使用料）
第13条（譲渡収益）	第14条（自由職業所得）	第15条（給与所得）
第16条（役員報酬）	第17条（芸能人等）	第18条（退職年金）

第19条（政府職員）	第20条（学生）	第21条（その他所得）
第22条（二重課税の排除）	第23条（無差別取扱い）	第24条（相互協議）
第25条（情報交換）	第26条（外交官）	第27条（国内法優先）
第28条（発効）	第29条（終了）	議定書1～10

(4) トルコの税制

法人税率	20％
源泉徴収	配当15％，利子0％，5％，10％，使用料20％
損失の繰戻	な　し
損失の繰越	5年
個人所得税	最高税率35％
遺産税	1～10％
贈与税	10～30％

❷ 租税条約の解説

(1) 対象税目（第2条）

　日本は，所得税，法人税及び住民税です。トルコは，①所得税，②法人税，③所得税及び法人税に対し課される税，です。

(2) 居住者（第4条，議定書1）

　本条第2項に個人双方居住者は，振分け規定の適用により決定することになっています。個人以外のものは，両締約国の合意により決定します。議定書1において，「法律上の本店」とは，個人以外の者につきトルコの税法に規定される法律上の所在地をいい，「本店又は主たる事務所」とは，日本国の税法に規定される本店又は主たる事務所をいうものと了解されました。

(3) 恒久的施設（PE）（第5条，議定書2）

　建設工事等は，6か月を超えるとPEとなります。代理人PEは従属代理人

のみです。議定書2では，独立代理人以外の者が，一方の締約国内において物品又は商品の在庫を反復して保有し，かつ，当該在庫により他方の締約国の企業に代わって定期的に物品又は商品を引き渡す場合には，その者が，当該一方の締約国内において，当該企業の名において契約を締結する権限を有しないとき又はこの権限を反復して行使しないときにおいても，当該企業は，その者が当該企業のために行うすべての活動について，当該一方の締約国内に「恒久的施設」を有するものとされることが了解されました。ただし，この規定は，その者が当該物品又は商品の定期的な引渡しを行っているだけでなく，当該物品又は商品の販売に関連するすべての活動（前記の契約を締結する権限の行使を除く。）を行っていることが証明されない限り適用となりません。

(4) 事業所得（第7条，議定書3，4）

本条は，第1項帰属主義，第2項独立企業の原則，第3項本店配賦経費，第4項単純購入非課税の原則，第5項他の規定との関係，の基本7項型です。

議定書3では，日本の企業が行う役務の提供によって取得する所得が，協定第5条5（コンサルタント）及び第7条の規定に従いトルコにおいて課税される場合には，当該所得はトルコの課税上，当該日本国の企業が自由職業に係る役務の提供によって取得する所得とみなされます。この規定は，トルコの税法に従い当該所得に対して源泉徴収される租税を課することに影響を及ぼすものではありません。ただし，その源泉徴収される租税の額は，当該自由職業に対する給付の総額の15％を超えないものとし，また，その源泉徴収される租税の額は，当該所得に対して最終的に課されるトルコの租税の額から控除されます。

議定書4では，本支店間の内部取引に関し，企業の恒久的施設が当該企業の本店又は当該企業の他の事務所に支払ったか又は振り替えた支払金（実費弁償に係るものを除く。）で次に掲げるものについては，損金に算入することが認められません。

(a) 特許権その他の権利の使用の対価として支払われる使用料，報酬その他これらに類する支払金
(b) 特定の役務の提供又は事業の管理の対価として支払われる手数料
(c) 当該恒久的施設に対する貸付けに係る利子（当該企業が銀行業を営む企業である場合を除く。）

(5) 国際運輸業所得（第8条，議定書5）

　国際運輸業所得は，相互免除として居住地国のみで課税されます。日本の事業税及びトルコで今後課されるであろう事業税類似の税は免税です。議定書5では，船舶又は航空機を国際運輸に運用することによって取得する利得には，次に掲げる利得も含まれることが了解されました。ただし，当該利得が同条1の規定の適用を受ける利得に付随するものである場合に限られます。(a)船舶又は航空機の賃貸（裸用船であるか否かを問わない。）から取得する利得，(b)国際運輸に使用されるコンテナ（コンテナの運送のためのトレーラー及び関連設備を含む。）の使用から取得する利得，です。

(6) 特殊関連企業（第9条）

　本条第2項に対応的調整の規定があります。

(7) 配当所得（第10条），利子所得（第11条），使用料所得（第12条）

各種所得の限度税率は次のとおりです。

	限度税率
親子間配当（議決権株式の25％以上6か月保有）	10％
一般配当	15％
利子所得（金融機関）	10％
利子所得（その他）	15％
利子所得（政府，中央銀行等）	免　税
使用料所得	10％

　イ　議定書6

　配当に関して，トルコについては，第10条2(a)及び(b)にいう税率は，配当を支払う法人の所得であって当該配当が支払われることとなる日の直前に終了する事業年度に取得するものに対して課されるトルコの租税の額が当該所得の40％未満の場合には，それぞれ(a)については15％，(b)については20％となります。

ロ　議定書7

第10条3に関し、「配当」には、トルコについては、投資基金及び投資信託より取得する所得を含むことが了解されます。

ハ　議定書8

協定のいかなる規定も、一方の締約国が、当該一方の締約国にある他方の締約国の居住者である法人の恒久的施設の利得（船舶又は航空機を国際運輸に運用することによって取得する利得を除く。）に対して、協定の関係規定に従い当該恒久的施設の利得に対して課されることとなる租税を控除した後、当該控除後の残りの利得の額の10％を超えないことを条件として租税を課することを妨げるものと解してはなりません。ただし、トルコについては、この租税は、恒久的施設の利得に対して課されるトルコの租税の額が当該恒久的施設の利得の40％未満である場合には、当該控除後の残りの利得の額の15％を超えないものとします。

ニ　議定書9

利子の規定に関し、「金融機関」とは、銀行及び保険会社をいうものと了解されます。両締約国の権限のある当局の合意により、「金融機関」には、他の類似の機関を含めることができます。

(8) 譲渡収益（第13条）

株式等の譲渡収益は源泉地国課税です。不動産化体株式、事業譲渡類似の譲渡収益に係る規定はありません。

(9) 自由職業所得（第14条）

医師、弁護士等の自由職業者の所得は、固定的施設を有する場合にその固定的施設に帰属する所得についてのみ課税されます。免税となる条件は、その者が自己の活動を行うため通常その用に供している固定的施設を源泉地国国内に有せず、かつ、その者が継続するいずれかの12か月の期間において合計183日を超える期間当該他方の締約国内に滞在しない限り、源泉地国免税です。

(10) 給与所得（第15条）

短期滞在者免税は暦年基準で183日ルールです。

(11) **役員報酬（第16条）**

　法人の所在地国でも課税ができます。

(12) **芸能人等（第17条）**

　芸能法人等のPE課税については、第6条に規定があります。芸能人等の課税は、その活動を行った国において行うことになります。

　もっとも、そのような活動が両締約国の政府の間で合意された文化交流のための特別の計画に基づき他方の締約国の居住者である個人により行われる場合には、その所得については、そのような活動が行われた締約国において租税が免除されます。

(13) **退職年金（第18条）**

　退職年金及び保険年金は、その受領者の居住地国で課税になります。

(14) **政府職員（第19条）**

　政府職員に対する報酬は、原則として派遣国において課税となります。ただし、接受国の国民が受領者の場合は接受国で課税です。

(15) **学生（第20条）**

　学生及び事業修習者は、生計、教育、勉学のための海外からの送金が免税です。当該学生又は事業修習者が、その教育又は訓練に関連する実務上の経験を習得するために、一暦年を通じて183日を超えない期間当該一方の締約国において行う勤務から取得する報酬についても、その滞在した国で課税が免除されます。

(16) **その他所得（第21条）**

　その他所得は、原則として源泉地国課税です。

(17) **二重課税の排除（第22条）**

　二重課税の排除は税額控除方式です。みなし外国税額控除の規定は次のような規定がありますが、供与期限が10年ですので2004年に期限が終了しました。

「本条第3項:2(a)及び(b)に規定する控除の適用上,トルコの経済開発を促進するための特別の奨励措置であってこの協定の署名の日に実施されているもの又はその修正若しくは追加としてトルコの租税に関する法令にその後に導入されることがあるものに従ったトルコの租税の軽減又は免除が行われなかったとしたならばトルコの法令に基づき及びこの協定の規定に従ってトルコの租税として納付されたであろう額は,納税者によって納付されたものとみなす。ただし,両締約国の政府が前記の措置により納税者に与えられる特典の範囲について合意を行うことを条件とする。」

「本条第4項:3の規定は,この協定が効力を生ずる年の翌年の1月1日から10年で効力を失う。」

⒅ 相互協議（第24条）

申立て期限の規定はありません。

第4部
アフリカ諸国との租税条約

日本・エジプト・アラブ共和国租税条約

❶ 租税条約の基礎データ

(1) エジプト・アラブ共和国の概要

国　名	エジプト・アラブ共和国　Arab Republic of Egypt
人口（万人）	9,000（2015年）
民　族	アラブ人
言　語	アラビア語
宗　教	イスラム教，キリスト教（コプト教）
歴　史	1922年英国より独立
GDP（億US＄）	2,866（2013・2014年）
為替レート	1米ドル＝7.73エジプト・ポンド（2015年11月（2003年1月以降変動相場制））

(2) 租税条約の基礎データ

	現行租税条約	原条約等
エジプト・アラブ共和国	（署名）昭和43年9月 （発効）昭和44年8月	同　左
日本・エジプト租税条約の正式名称	「所得に対する租税に関する二重課税の回避及び脱税の防止のための日本国とアラブ連合共和国との間の条約」	

(3) 租税条約の条文構成

第1条（人的範囲・対象税目）	第2条（一般的定義・居住者）	第3条（恒久的施設）
第4条（不動産所得）	第5条（事業所得）	第6条（国際運輸業所得）
第7条（特殊関連企業）	第8条（配当）	第9条（利子）
第10条（使用料）	第11条（譲渡収益）	第12条（自由職業所得）

第13条（給与所得）	第14条（役員報酬）	第15条（芸能人等）
第16条（退職年金）	第17条（政府職員）	第18条（学生）
第19条（教授）	第20条（二重課税の排除）	第21条（無差別取扱い）
第22条（相互協議）	第23条（情報交換）	第24条（外交官）
第25条（発効）	第26条（終了）	合意された議事録

(4) **エジプト・アラブ共和国の税制**

法人税率	25%
外国法人支店税	25%
源泉徴収	配当0%，利子20%，使用料20%
支店送金税	なし
損失の繰戻	無制限
損失の繰越	5年
売上税	各種の税率
個人所得税	最高税率25%
遺産税・贈与税	なし

2 租税条約の解説

(1) 対象税目（第1条）

　日本は，所得税，法人税及び住民税です。アラブ連合共和国（以下「エジプト」という。）は，①不動産から生ずる所得に対する租税（土地税，建物税及びガフィール税を含む。），②動産資本所得に対する租税，③商業上及び産業上の利得に対する租税，④賃金，給料，手当及び退職年金に対する租税，⑤自由職業その他すべての非商業的職業からの利得に対する租税，⑥一般所得税，⑦防衛税，⑧国家安全保障税，⑨前記の租税に対する百分率により又は他の方法により課される付加税，です。

(2) 一般的定義・居住者（第2条）

個人双方居住者の振分け規定はありません。個人以外の双方居住者についても規定がありません。

(3) 恒久的施設（PE）（第3条）

建設工事等は，6か月を超えるとPEとなります。代理人PEは従属代理人のみです。

(4) 事業所得（第5条）

本条の各項は，第1項帰属主義，第2項独立企業の原則，第3項本店配賦経費，第4項所得配分によりPE利得の算定，第5項単純購入非課税の原則，第6項所得計算の継続性，第7項他の規定との関係，の基本7項型です。

(5) 国際運輸業所得（第6条）

国際運輸業所得は，相互免税として居住地国のみで課税されます。

(6) 特殊関連企業（第7条）

本条第2項は，対応的調整ではなく，独立企業間価格決定のための情報が不足している場合，いずれか一方の締約国の法令に基づくことが規定されています。

(7) 配当所得（第8条），利子所得（第9条），使用料所得（第10条）

各種所得の限度税率は次のとおりです。

	限度税率
日本法人からの配当	15%
エジプト法人からの配当（第2項）	動産資本所得に対する租税，防衛税及び国家安全保障税並びにこれらの付加税のみを課する。個人に対する一般所得税の限度税率は20%
利子所得	限度税率の規定はなく，源泉地国の国内法が適用されます。
使用料所得	15%

イ　日本国の居住者である法人の場合

　その活動を専ら又は主としてエジプト国内において行う者が支払う配当については，エジプトにおいて第2項にいう取扱いを受けるものとなります。第3項の規定の適用上，法人の活動の90％以上がエジプト国内にある恒久的施設を通じてエジプト国内において行われる場合には，その法人の活動は，主としてエジプト国内において行われるものとみなされます。

　ロ　日本国の居住者であり，かつ，その活動がエジプト以外の国に及ぶ法人

　エジプト国内に有する恒久的施設の各年度の利得から支払うとみなされる配当については，エジプトにおいて第2項にいう取扱いを受けるものとします。当該恒久的施設は，1939年の法律第14号第36条の規定を適用することなく，産業上及び商業上の利得に対する租税が課される総利得の90％に相当する額を，その事業年度末から60日以内にエジプトにおいて配当として分配したものとみなされます。ただし，総利得の残余の10％が，毎年エジプトの税務当局に提出される当該恒久的施設の貸借対照表に計上される特別準備金として留保されることを条件とします。当該準備金に対しては，商業上及び産業上の利得に対する租税のみを課するものとします。エジプト国内にある当該恒久的施設が，営業又は事業を行うにあたって生じた損失を補償する目的以外の目的で特別準備金として留保された前記の10％から取りくずしたすべての金額は，エジプトで分配されたものとみなして課税するものとされます。

　ハ　使用料

　映画フィルムに関する賃貸料及び使用料に対しては，引き続き両締約国の法令に従って租税を課することができます。

(8) 譲渡収益（第11条）

　株式等の譲渡収益は源泉地国課税です。不動産化体株式，事業譲渡類似の譲渡収益に係る規定はありません。

(9) 自由職業所得（第12条）

　医師，弁護士等の自由職業者の所得は，固定的施設を有する場合にその固定的施設に帰属する所得についてのみ課税されます。その者が自己の活動を遂行するために通常使用することができる固定的施設を源泉地国に有せず，かつ，

その者が当該課税年度を通じて合計183日を超える期間当該源泉地国に滞在しない場合，源泉地国における課税はありません。

(10) 給与所得（第13条）

短期滞在者免税は暦年基準で183日ルールです。

(11) 役員報酬（第14条）

法人の所在地国でも課税ができます。

(12) 芸能人等（第15条）

芸能人等の課税は，その活動を行った国において行うことになります。

(13) 退職年金（第16条）

退職年金は，その受領者の居住地国で課税になります。

(14) 政府職員（第17条）

政府職員に対する報酬は，原則として派遣国において課税となります。ただし，接受国の国民が受領者の場合は接受国で課税です。

(15) 学生（第18条）

一方の締約国の居住者で，専ら，(a)他方の締約国内にある大学若しくは学校の学生として，(b)事業若しくは技術の修習者として，又は(c)政府若しくは宗教，慈善，学術若しくは教育の団体からの主として勉学若しくは研究のための交付金，手当若しくは奨励金の受領者として，当該他方の締約国内に一時的に滞在するものについては，生計，教育若しくは訓練のための海外からの送金又は奨学金に対し当該他方の締約国において租税が課されません。滞在地国において提供された役務に対する報酬としての金額についてもこの規定が適用されますが，当該役務が教育若しくは訓練に関連し又は生計のために必要であることを条件とします。

(16)　**教授（第19条）**

　2年間滞在地国免税です。

(17)　**二重課税の排除（第20条）**

　二重課税の排除は税額控除方式です。

（コラム）アフリカの国の数

　アフリカの国々は，先進諸国の海外領土であった歴史等があり，また，国の併合，分割等もあって，その国名等が変遷した国もあります。現在，アフリカの国の数は54ですが，コンゴ共和国とコンゴ民主共和国という似たような名称の国もあります。前者は，仏領赤道アフリカ・コンゴ州から独立した国で，後者は，ベルギー領から独立した国です。

　本書第5部の資料⑨に英国の対アフリカ諸国の租税条約を記述していますが，日本にとって手薄なこの地域への投資については，欧州経由という選択肢もあります。

日本・ザンビア租税条約

❶ 租税条約の基礎データ

(1) ザンビアの概要

国　名	ザンビア共和国　Republic of Zambia
人口（万人）	1,502（2014年）
民　族	73部族（トンガ系，ニャンジャ系，ベンバ系，ルンダ系）
言　語	英語（公用語），ベンバ語，ニャンジャ語，トンガ語
歴　史	旧北ローデシア，1964年独立
主要産業	農業（とうもろこし，たばこ，落花生，綿花，コーヒー等），銅鉱業・加工
GDP（億US＄）	270.7（2014年）
為替レート	1米ドル＝10.24ザンビア・クワチャ（ZMK）（2015年9月）

(2) 租税条約の基礎データ

	現行租税条約	原条約等
ザンビア	（署名）昭和45年2月 （発効）昭和46年1月	同　左
日本・ザンビア租税条約の正式名称	「所得に対する租税に関する二重課税の回避のための日本国とザンビア共和国との間の条約」	

(3) 租税条約の条文構成

第1条（対象税目）	第2条（一般的定義）	第3条（居住者）
第4条（恒久的施設）	第5条（不動産所得）	第6条（事業所得）
第7条（国際運輸業所得）	第8条（特殊関連企業）	第9条（配当）
第10条（利子）	第11条（使用料）	第12条（譲渡収益）

第13条（自由職業所得）	第14条（給与所得）	第15条（役員報酬）
第16条（芸能人等）	第17条（退職年金）	第18条（政府職員）
第19条（教授）	第20条（学生）	第21条（その他所得）
第22条（二重課税の排除）	第23条（無差別取扱い）	第24条（情報交換）
第25条（相互協議）	第26条（外交官）	第27条（発効）
第28条（終了）	交換公文（みなし外国税額控除）	

(4) ザンビアの税制

法人税率	15～40％
源泉徴収	配当15％，利子15％，使用料20％，経営管理料20％
損失の繰戻	な し
損失の繰越	5年又は10年
個人所得税	最高税率35％
遺産税・贈与税	な し

❷ 租税条約の解説

(1) 対象税目（第1条）

　日本は，所得税，法人税及び住民税です。ザンビアは，所得税と人頭税です。

(2) 居住者（第3条）

　個人双方居住者の振分け規定はありません。双方居住者については両締約国の合意により決定され，個人以外の双方居住者は，その者の本店又は主たる事務所が存在する締約国の居住者とみなされます。

(3) 恒久的施設（PE）（第4条）

　建設工事等は，12か月を超えるとPEとなります。代理人PEは従属代理人のみです。

(4) 事業所得（第6条）

　本条の各項は，第1項帰属主義，第2項独立企業の原則，第3項本店配賦経費，第4項所得配分によりPE利得の算定，第5項単純購入非課税の原則，第6項所得計算の継続性，第7項他の規定との関係，の基本7項型です。

(5) 国際運輸業所得（第7条）

　国際運輸業所得は，相互免税として居住地国のみで課税されます。

(6) 特殊関連企業（第8条）

　対応的調整の規定がありません。

(7) 配当所得（第9条），利子所得（第10条），使用料所得（第11条）

　各種所得の限度税率は次のとおりです。

	限度税率
配　当	源泉地国免税
利　子	10%
使用料	10%

(8) 譲渡収益（第12条）

　株式等の譲渡収益は居住地国課税です。不動産化体株式，事業譲渡類似の譲渡収益に係る規定はありません。

(9) 自由職業所得（第13条）

　医師，弁護士等の自由職業者の所得は，固定的施設を有する場合にその固定的施設に帰属する所得についてのみ課税されます。

(10) 給与所得（第14条）

　短期滞在者免税は暦年基準で183日ルールです。

(11) **役員報酬（第15条）**
法人の所在地国でも課税ができます。

(12) **芸能人等（第16条）**
芸能人等の課税は，その活動を行った国において行うことになります。

(13) **退職年金（第17条）**
退職年金は，その受領者の居住地国で課税になります。

(14) **政府職員（第18条）**
政府職員に対する報酬は，原則として派遣国において課税となります。ただし，接受国の国民が受領者の場合は接受国で課税です。

(15) **教授（第19条）**
2年間滞在地国免税です。

(16) **学生（第20条）**
一方の締約国の居住者は，教育又は訓練を受けるために受け取る給付又は所得については，国外からの送金分について滞在地国において租税が課されません。滞在地国において提供された役務に対する報酬としての金額については，3課税年度を超えない期間，各課税年度において1,000米ドル又は日本若しくはザンビアの通貨によるその相当額を超えないことを免税条件とします。

(17) **その他所得（第21条）**
その他所得は居住地国課税です。

(18) **二重課税の排除（第22条，交換公文）**
二重課税の排除は税額控除方式です。交換公文にみなし外国税額控除の規定があります。みなし外国税額控除に関して供与期限の設定等がありませんので，現在も有効です。

日本・南アフリカ租税条約

① 租税条約の基礎データ

(1) 南アフリカの概要

国　名	南アフリカ共和国　Republic of South Africa
人口（万人）	5,400（2014年）
民　族	黒人79%，白人9.6%，カラード（混血）8.9%，アジア系2.5%
言　語	英語，アフリカーンス語，バンツー諸語（ズールー語，ソト語ほか）の合計11が公用語
宗　教	キリスト教（人口の80%），ヒンズー教，イスラム教
歴　史	1961年：南アフリカ共和国成立，1991年：アパルトヘイト関連法廃止
GDP（億US＄）	3,501（2014年）
主要貿易品目	輸出：金，希金属，鉱物製品，化学製品，食料品類，繊維製品，機械製品，自動車類 輸入：食料品類，鉱物製品，機械製品，自動車類（部品含む。），化学製品，繊維製品
為替レート	1米ドル＝15ランド（2016年3月）

(2) 租税条約の基礎データ

	現行租税条約	原条約等
南アフリカ	（署名）平成9年3月 （発効）平成9年11月 ・対象税目について南アフリカ当局から通知：平成24年7月	同　左
日本・南アフリカ租税条約の正式名称	「所得に対する租税に関する二重課税の回避及び脱税の防止のための日本国政府と南アフリカ共和国政府との間の条約」	

(3) 租税条約の条文構成

第1条（人的範囲）	第2条（対象税目）	第3条（一般的定義）
第4条（居住者）	第5条（恒久的施設）	第6条（不動産所得）
第7条（事業所得）	第8条（国際運輸業所得）	第9条（特殊関連企業）
第10条（配当）	第11条（利子）	第12条（使用料）
第13条（譲渡収益）	第14条（自由職業所得）	第15条（給与所得）
第16条（役員報酬）	第17条（芸能人等）	第18条（政府職員）
第19条（学生）	第20条（その他所得）	第21条（二重課税の排除）
第22条（減免の制限）	第23条（無差別取扱い）	第24条（相互協議）
第25条（情報交換）	第26条（徴収共助）	第27条（外交官）
第28条（発効）	第29条（終了）	議定書2条
交換公文		

(4) 南アフリカの税制

法人税率	28％，第2法人税は2012年3月31日に廃止されました。
配当税	第2法人税の廃止に伴い創設された税目で，南アフリカ居住法人及びヨハネスブルグ証券取引所に上場されている外国法人からの配当について15％の税率で源泉徴収されます。
源泉徴収	配当15％，利子0％，使用料12％，15％
損失の繰戻	な　し
損失の繰越	無制限
個人所得税	最高税率40％
遺産税・贈与税	20％

❷　租税条約の解説

(1) 対象税目（第2条）

　日本は，所得税，法人税及び住民税です。南アフリカは，普通税，第2法人

税です。なお，対象税目について平成24年7月に南アフリカ当局から通知がありました。その内容は，次のとおりです。
  ① 南アフリカにおいて，条約第2条1(b)(ii)の第2法人税に代わって配当税（dividends tax）が導入される。
  ② 配当税に係る法令は，2012年4月1日から施行される。
   配当税は，条約第2条2の規定に基づき条約が適用される租税となります。また，条約第21条1の規定に関して，外国税額の控除に関するわが国の法令の規定に基づき，わが国において外国税額の控除の対象となる場合があります。

(2) 居住者（第4条）

本条第2項に個人双方居住者は，振分け規定の適用により決定することになっています。個人以外のものは，権限ある当局の合意により決定します。

(3) 恒久的施設（PE）（第5条）

建設工事，据付け，組立ての工事又はこれらに関連する監督活動は，12か月を超えるとPEとなります。代理人PEは従属代理人のみです。

(4) 事業所得（第7条）

本条の各項は，第1項帰属主義，第2項独立企業の原則，第3項本店配賦経費，第4項所得配分によりPE利得の算定，第5項単純購入非課税の原則，第6項所得計算の継続性，第7項他の規定との関係，の基本7項型です。

(5) 国際運輸業所得（第8条，議定書1）

国際運輸業所得は，相互免除として居住地国のみで課税されます。日本の事業税及び南アフリカで今後課される事業税と類似の税は免税です。

(6) 特殊関連企業（第9条）

本条第2項に対応的調整の規定があります。

(7) 配当所得（第10条），利子所得（第11条），使用料所得（第12条）

各種所得の限度税率は次のとおりです。

	限度税率
親子間配当（議決権株式の25％以上6か月保有）	5％
一般配当	15％
利子所得	10％
利子所得（政府・中央銀行等）	免　税
使用料所得	10％

(8) **譲渡収益（第13条）**

株式等の譲渡収益は源泉地国課税です。不動産化体株式，事業譲渡類似の譲渡収益に係る規定はありません。

(9) **自由職業所得（第14条）**

医師，弁護士等の自由職業者の所得は，固定的施設を有する場合にその固定的施設に帰属する所得についてのみ課税されます。源泉地国における課税の要件は，自由職業者が源泉地国に固定的施設を保有するか，又はその者が暦年を通じて183日以上源泉地国に滞在する場合です。

(10) **給与所得（第15条）**

短期滞在者免税は暦年基準で183日ルールです。

(11) **役員報酬（第16条）**

法人の所在地国でも課税ができます。

(12) **芸能人等（第17条）**

芸能法人等のPE課税については，第6条に規定があります。芸能人等の課税は，その活動を行った国において行うことになります。

もっとも，そのような活動が両締約国の政府の間で合意された文化交流のための特別の計画に基づき他方の締約国の居住者である個人により行われる場合には，その所得については，そのような活動が行われた締約国において租税が免除されます。

⑬ 政府職員（第18条）

政府職員に対する報酬は，原則として派遣国において課税となります。ただし，接受国の国民が受領者の場合は接受国で課税です。

⑭ 学生（第19条）

学生及び事業修習者は，生計，教育，勉学のための海外からの送金が免税です。

⑮ その他所得（第20条）

その他所得は，原則として源泉地国課税です。

⑯ 二重課税の排除（第21条）

二重課税の排除は税額控除方式です。みなし外国税額控除の規定はありません。

⑰ 減免の制限（第22条，議定書2）

この条約の特典を受けることを主たる目的として，一方の締約国の居住者となった者（個人を除く。）については，この条約の規定を適用しないことが規定されています。具体的には議定書2において，源泉地国に所在する固定的施設において実質的な事業活動を行っていない者は，条約の特典を享受することを主たる目的として源泉地国の居住者となったものとみなされます。

⑱ 相互協議（第24条）

申立て期限は3年です。

第5部
資　　料

❶ ヨーロッパにおける課税管轄の複雑性

(1) 問題の所在

　欧州諸国のうちの英国, フランス, オランダ, デンマークについては, これらの国が有する離島の地域と海外領土があります。これらの地域については, 欧州各国の領土ですが, その本国の税制の適用等については, 種々の状況があります。また, これらの地域は, EUの法律が適用になる地域とならない地域に分けることができます。このように, 各国の課税管轄権とEU法の適用等が, 欧州地域では重層的になっていることから, EUにおける課税問題, 特にEU付加価値税の適用についてはこれらの事項の整理が必要となります。

　EUの付加価値税に関する基本規定は, 1977年第6次指令とその改正 (97/200/EC) 及び2006年の理事会指令 (基本規定) です。この2006年指令第6条に規定する当該指令の適用外となる地域として, ①ギリシャにあるアトス山 (宗教的な自治区), ②スペインのカナリア諸島, ③フランスの海外県, ④フィンランド領のオーランド諸島, ⑤英国領のチャンネル諸島が掲げられています。このように, EU域内において, 各種の事情から, 付加価値税指令の適用外となる地域があり, 細かくみると, EU域内にも課税管轄上の複雑性があることがわかります。

(2) 英国の場合

　平成21年12月3日にわが国の最高裁第一小法廷において判決が出された事案は, チャンネル諸島のガーンジー島の税制に関連したものであり, 当地に設立された内国法人の子法人に対する課税が, 0％から30％の範囲において課税当局と合意した適用税率の問題でした。

　この問題となったチャンネル諸島のガーンジー島は英国の領土ですが, 例えば, 日英租税条約において定義された「英国」とは, グレートブリテン及び北アイルランド (UK：連合王国) をいい, ガーンジー島は, 日英租税条約の適用外地域です。このガーンジー島と同様の状況にある英国領土は, ジャージー島, マン島があり, いずれも王室属領という地位にあり, 英国の税法はこれらの地域に適用されません。付加価値税については, マン島は同税を課していますが, 前述のようにチャンネル諸島は同税の課税はありません。

英国領としては，これらの王室属領以外に，タックスヘイブンとして有名なケイマン諸島，英領バージン諸島，バミューダ等があり，これらの地域は，課税に関する自治権を持っていることから英国本土と異なる独自の税制を有しています。この例として，中国返還前の香港がこれに当てはまります。香港は，英国の海外領土でしたが，英国税法の適用はなく，低税率のタックスヘイブンとして有名でした。

(3) フランスの場合

日仏租税条約における適用地域として，フランスは，同国のヨーロッパ県及び海外県並びにこれらの県の外側に位置する区域となっています。フランスの海外県には，フランス領ギアナ等のカリブ海に所在するものと，レユニオンのようにインド洋に所在するものなどがあります。これらの地域は，行政上，フランス国内と同様で，ユーロ圏ですが，これらの海外県は，EU付加価値税指令の適用外です。

上記以外のフランスの海外領土では，ユーロ圏に含まれる地域と，ニューカレドニア，フランス領ポリネシアのように，CFPフランという独自の通貨を使用する地域に分かれています。税制面では，ニューカレドニアの場合，ニッケル産業を除く一般法人の法人税率は30％（国内源泉所得のみ課税）で，付加価値税（VAT）或いは売上税はありません。これらフランスの海外領土は，前出の海外県とは少しEUとの関係が異なっています。

(4) オランダの場合

オランダの海外領土であるカリブ海に所在するアンチルとアルバは，自治権を有しており，タックスヘイブンとしても有名でした。前者のアンチルは，かつて米国と租税条約（1980年代に終了）があり，この租税条約を利用したトリティー・ショッピングの対米投資の基地として有名でしたが，2010年にアンチルは，キュラソー島らが分離し，2つに分割されています。これらのオランダの海外領土は，タックスヘイブンであることから，EU付加価値税等とは関連がありません。

(5) ポルトガルの場合

ポルトガルには，マデイラ諸島，アゾレス諸島という大西洋の島がその領土です。この両諸島は，本土から離れていることもあって自治権が与えられています。例えば，付加価値税の税率が，ポルトガル本土とこの両諸島では異なっています。2011年1月1日以降のポルトガルの付加価値税は，標準税率が23％，軽減税率が13％，超軽減税率が6％ですが，同時期の両諸島の付加価値税率は改正されて，標準税率が16％，軽減税率が9％，超軽減税率が4％でしたが，2012年4月に再度改正されて，標準税率が22％，軽減税率が12％，超軽減税率が5％とポルトガル本土の税率に近付いています。以上のことから，ポルトガルに属する前出の両諸島は，EU付加価値税指令の適用外の地域ではありませんが，ポルトガル本土とは異なる税率となっています。

(6) スペインの場合

スペインのカナリア諸島は，EU付加価値税指令の適用外の地域であることは前述のとおりです。カナリア諸島は，スペイン本土から離れていること等の理由から，同諸島への投資を促すために税制上の優遇措置が講じられています。例えば，スペイン本土の法人税率は，基本税率は30％ですが，カナリア諸島の特別地区において操業することが認められた法人については，所定の要件を満たすことを条件として4％の税率が適用となります。また，カナリア諸島は，既に述べたようにEU付加価値税の適用外の地域ですが，同諸島では5％の標準税率の一般間接税が課税となります。

(7) オーランド諸島

オーランド諸島は，フィンランドの領土ですが，公用語はスウェーデン語であるフィンランドの自治領です。この地域もEU付加価値税の適用外の地域です。

(8) 英国領ジブラルタル

英国は，既に述べたマン島，チャンネル諸島というタックスヘイブンを本国の近隣に有していますが，欧州地区では，スペインに隣接するジブラルタルもタックスヘイブンです。

この地区は，地中海の出入りを監視できる要衝にあり，英国が長年にわたり領土としている場所で，EU付加価値税の適用除外地域ではありませんが，法人税率が英国本土よりも低く，かつ，EUにおける拠点としての役割もあることから，近年注目されている場所といえます。

❷ 金融口座情報自動交換制度

　日本とスイスは，平成28年1月29日に金融口座情報の自動交換制度に関する共同声明に署名しました。この制度は，OECDが，平成26年（2014年）2月13日に公表しました「共通報告基準（Common Reporting Standard：CRS）」に基づき，両国が国内法を改正したことによるものです。

　平成27年12月に公表されたOECDによる金融口座情報自動交換制度の参加国リストで，97か国がこれに参加を表明しています。国により実施の開始が異なりますが，平成29年或いは平成30年には，海外の金融機関の口座情報が国税庁に届くことになります。したがって，金融口座情報の情報交換等の現状と，今後どのような影響があるのかを知っておく必要があります。

(1) 金融口座情報自動交換制度に係る変遷の整理

　金融口座情報自動交換制度が，国際的取組として，これまでどのような理由から創設され，その後に変遷を経たのかを時系列に整理すると次のとおりです。

2008年（平成20年） （米国：UBS事件）	スイス最大手の銀行であるUBSの社員が米国人の顧客に対して脱税のほう助をしたことで起訴された事件を契機に米国は同行に米国人口座情報の提供を要請しましたが，最終的には，UBSは，2009年8月に4,450口座の所有者名を公表することになりました。
2010年（平成22年） 3月18日 （FATCA：2013年1月施行）	UBS事件に関する米国国内の批判を受けて法案（H.R.2847：the Hiring Incentives to Restore Employment Act）の一部である「外国口座税務コンプライアンス法（FATCA：Foreign Account Tax Compliance Act）」が成立しました。FATCAは，外国金融機関に対して米国人等の口座情報を米国財務省に報告することを規定したものです。

2012年（平成24年） （OECD）	OECD（経済協力開発機構）は，各国のFATCAに関する米国との合意を受けて，自動的情報交換に関する国際基準の策定に着手しました。
2012年6月21日（日本のFATCA共同声明）	金融庁，財務省，国税庁は，米国の財務省とともに，「米国の外国口座税務コンプライアンス法（FATCA）実施の円滑化と国際的な税務コンプライアンスの向上のための政府間協力の枠組みに関する米国及び日本による共同声明」を発表しました。
2013年（平成25年）4月9日（欧州多国間情報交換協定）	英国，フランス，ドイツ，イタリア，スペインが，多国間情報交換協定に合意しました。
2013年6月11日（日本のFATCAに関する声明）	財務省，国税庁，金融庁等及び米国財務省は，「国際的な税務コンプライアンスの向上及び米国のFATCA実施の円滑化のための米国財務省と日本当局の間の相互協力及び理解に関する声明」を発表しました。
2013年9月（G20）	ロシアのサンクトペテルブルクで開催されたG20首脳会議において，OECDによる自動的情報交換に関する国際基準の策定が支持された。
2013年9月	スイス議会は，日本と同様にFATCAに関する協定を批准しました。
2014年（平成26年）1月（OECD）	OECD租税委員会が共通報告基準（CRS）を承認し，OECDは，同年2月13日に公表しました。
2014年2月（G20）	G20財務大臣・中央銀行総裁会議（豪州シドニーで開催）においてCRSが支持されました。
2014年5月13日（OECD閣僚理事会）	パリにおいて開催されたOECD閣僚理事会において，各国間において，租税に係る金融情報の自動交換の宣言（Declaration on Automatic Exchange of Information in Tax Matters）が採択されました。
2014年9月（G20財務大臣・中央銀行総裁会議）	OECDによるCRSを承認し，所要の法制手続の完了を条件として，2017年又は2018年末までに，相互に及びその他の国との間で自動的情報交換を開始するとしました。

2014年10月（OECDグローバルフォーラム）	OECDがベルリンで開催した「税の透明性と情報交換に関するグローバル・フォーラム」年次総会において，OECD加盟国及びG20各国，主要金融センターが，自動的情報交換に関する新たなOECD/G20スタンダードを承認しました。
2014年10月（税務執行共助条約に基づく自動的情報交換）	税務執行共助条約に基づく自動的情報交換について合意した51の国・地域が署名し，最初の情報交換を2017年9月或いは2018年度までに実施すると宣言しました（日本は，2018年9月を初年度としました。）。なお，2016年（平成28年）1月27日現在，署名した国等は79です。
2014年11月（G20首脳会議）	豪州（ブリスベン）G20首脳会議において，法制手続の完了を条件として，2017年又は2018年末までに，税に関する情報の自動的な交換を開始が首脳宣言に盛り込まれました。
2015年（平成27年度税制改正）	日本の金融機関に対し非居住者の口座情報の報告を求める制度が整備されました（2018年（平成30年）が初回の情報交換初年度となります。）。
2015年12月11日（OECD）	金融口座情報自動交換制度（AEOI）の参加国リストが公表されました。2017年適用国は56か国，2018年適用国は41か国，期限を公表していない国が3か国です。

(2) FATCAとBEPSのインパクト

最近の国際税務の動向に大きな影響を及ぼしているものとして，次の2つを挙げることができます。

第1は，既に述べた米国の外国口座税務コンプライアンス法（FATCA）の成立です。

第2は，OECDが行っているBEPS（税源浸食と利益移転）行動計画です。

上記のBEPSの動向は，まとめると，次のとおりです。

2012年6月	第7回G20メキシコ・ロスカボス・サミット首脳会合宣言において，租税分野では，情報交換の強化，多国間執行共助条約署名への奨励とともに，多国籍企業による租税回避を防止する必要性が再確認され，OECD租税委員会は，BEPSプロジェクトを開始しました。

2012年後半	英国等において，多国籍企業の租税回避問題が生じていることが報道されました。
2013年2月	OECDは，BEPSに対する現状分析報告書として，「税源侵食と利益移転への対応」(Addressing Base Erosion and Profit Shifting) を公表しました。
2013年6月	G8サミット（英・ロックアーン）でBEPSプロジェクトが支持されました。
2013年7月	OECDは，「BEPS行動計画」(Action Plan on Base Erosion and Profit Shifting) を公表しました。
2013年9月	第8回G20ロシア・サンクトペテルブルクにおける首脳会合宣言において，BEPS行動計画が全面的に支持されました。
2014年9月16日	BEPS行動計画に関する第一弾報告書7つが公表されました。
2014年11月	第9回G20オーストラリア・ブリスベンにおける首脳会合宣言は，「BEPS行動計画」の進捗を歓迎するとともに，非居住者金融口座情報の自動的情報交換を早期に開始することで一致しています。
2015年2月	トルコ・イスタンブールで開催された20か国財務大臣・中央銀行総裁会議声明は，多国間税務執行共助条約の加盟国増加を促し，非居住者金融口座情報の自動的情報交換の法的手続の整備を行うことを提唱しました。
2015年10月	2015BEPS最終報告書（FINAL REPORTS）が公表されました。
2015年11月15～16日	G20首脳会合（トルコ・アンタルヤ・サミット）においてBEPS活動計画の合意の実施及び非居住者の金融口座に係る自動的情報交換の開始の重要性につき一致しました。

　FATCAとBEPSに共通していることは，国際的租税回避に対する対抗策ということです。FATCAは，上述したように，米国の納税義務者が海外の金融機関を利用した所得隠し，或いは脱税を防止するために米国人の外国銀行にある口座を米国の課税当局に通知することを要請した法律です。

(3) 各国が FATCA に同意した理由

　FATCA は，外国金融機関に対して米国人口座の情報を米国財務省に報告することを要請した法律であることは既に述べたとおりです。では，外国金融機関がこの報告を行わない場合はどうなるのかということですが，その場合，米国の課税当局は，当該金融機関に対して所定の米国国内源泉所得となる支払に30％の源泉徴収が課されることになっています（内国歳入法典第1471条）。外国金融機関がこの30％源泉徴収を回避したいのであれば，米国財務省の間に所定の報告義務に関する契約（agreement）を締結し，契約締結後，当該金融機関は，米国人口座の情報を米国財務省に報告する義務を負うことになり，源泉徴収課税が免除されます。

　この FATCA に対して，米国以外の政府及び金融機関がこの要請を拒否できなかったのです。その理由は，上記にあるペナルティとしての米国国内源泉所得に対する30％の源泉徴収です。仮にこのような課税が行われると，その金融機関は米国において事業活動を行うことができなくなります。米国のマーケットから外された金融機関はその後の存続が難しい事態となります。米国は，金融業の領域における自国の有利性を最大限に生かして，他の国では為しえないような強気の政策を実施したのです。このことが結果として，金融口座情報の自動交換への途を拓くきっかけをなったのです。

(4) スイスが FATCA の協定を批准した理由

　改正前の日本・スイス租税条約には情報交換の規定がありませんでした。FATCA に関しては，日本は比較的早く米国への銀行口座情報提供に同意しましたが，米国人等の銀行口座を多く保有するスイスの銀行は，預金者の情報を守ることが金融機関の生命線であることから，FATCA の協定を批准するまでに紆余曲折がありました。

　2013年9月に，スイス下院が上院に続き FATCA の政府間協定を批准しました。その背景には，米国において脱税をほう助したとして多額の罰金を科され，それが原因で2013年1月に廃業に至ったスイス最古のプライベートバンクであるベゲリン（Wegelin）銀行の事件等があったのです。

　ベゲリン銀行は，米国において脱税をほう助したことに基因して米国人預金者名の一部を公表したスイス最大手銀行の UBS における混乱に乗じて，UBS

の顧客の資産を自行に勧誘し，約12億ドルの資産隠しを行ったとして起訴され，5,780万ドルの資金の返還と罰金を支払うことで米国当局と合意しましたが結局廃業しました。ベゲリン銀行以外にも，多くのスイスの銀行が，米国司法省から脱税ほう助の疑いをかけられるという，米国側からの圧力があり，結果として，スイス銀行家協会は，過去の脱税ほう助を謝罪し，各国との情報交換に応じることとなったのです。

このように，FATCAにより，金融情報交換に関する規制が緩和されたことを受けて，OECDは，自動的情報交換に関する国際基準の策定に着手し，その結果が，共通報告基準（CRS）の制定になったのです。

(5) 日本の国内法の整備

平成27年度税制改正により「非居住者に係る金融口座情報の自動的交換のための報告制度の整備」が，そして平成27年7月3日付で「租税条約等に基づく相手国等との情報交換及び送達共助手続について」（事務運営指針）が一部改正されました。

前者は，日本の金融機関に対し，非居住者の口座情報の報告を求める制度です。これは，日本の金融機関に口座を保有する非居住者の氏名，住所，外国の納税者番号，口座残高，利子・配当等の年間受取総額等を国税庁が年1回まとめて外国の税務当局に情報提供を行うものです。

上記前者の報告制度の整備は，日本から海外の税務当局への情報交換を行う制度の整備等です。

(6) 日本の租税条約の状況

日本の租税条約網は平成28年2月末現在，二国間租税条約が65か国，情報交換協定が10か国，税務行政執行共助条約締約国のうち二国間租税条約のない国は16か国です。日本は，現在，これらの国々と情報交換を行うネットワークを有しています。

(7) 日本の税務情報交換の実績

平成26年11月に国税庁が公表した「平成25事務年度における租税条約等に基づく情報交換事績の概要」によると，その概要は次のとおりです。

要請に基づく情報交換	国税庁⇒外国：720件，外国⇒国税庁：106件
自発的情報交換	国税庁⇒外国：6,881件，外国⇒国税庁：3,062件
自動的情報交換	国税庁⇒外国：約126,000件，外国⇒国税庁：約133,000件

(8) 金融口座情報の自動交換の問題点

　実例として，2006年にリヒテンシュタイン銀行であるLGTの元行員が約1,400人分の顧客名簿を持ち出してドイツ連邦情報局に500万ユーロでこの名簿を売却した事件があります。この事件では，脱税をしたドイツの納税義務者は，預金の名義を自身の名前ではなく財団（foundation）としてリヒテンシュタインにおける課税の軽減と匿名性を狙いとしたのです。非居住者の預金口座等に関しては，本人確認が厳格に行われることから，仮名口座の存在は考慮の外にして，国別に固有の取引等があることから，情報交換を行う場合，各国共通の報告基準が必要となり，OECDは前述のとおり共通報告基準（CRS）を制定し，世界各国は自動的情報交換を開始することを表明しています。

(9) 日本の実施スケジュール

　日本は2018年（平成30年）適用国ですが，その具体的な実施作業は次のようになります。

平成27年～平成28年	国内法（平成27年度税制）の整備
平成29年	金融機関による手続開始
平成30年	租税条約に基づき第1回目の情報交換

(10) 金融口座情報自動交換制度（AEOI）の参加国リスト

　2017年（平成29年）適用国及び2018年（平成30年）適用国のうちの主要国は次のとおりです。

2017年適用国	フランス，ドイツ，インド，韓国，英国
2018年適用国	オーストラリア，カナダ，中国，香港，インドネシア，日本，マレーシア，シンガポール，スイス

(11) 共通報告基準における口座特定手続の概要
　イ　報告対象となる金融口座
　銀行，証券会社，投資信託等，保険会社の保有する①預金口座，②証券口座等，③信託等，④保険契約等，が報告対象口座となります。
　ロ　口座特定手続の概要
　個人口座の場合，新規であれば，口座開設者による自己宣誓書により居住地国を特定し，既存であれば，低額口座（残高100万ドル以下）と高額口座（残高100万ドル超）に分けて居住地国が特定されます。
　法人等の事業体口座の場合，新規であれば，口座開設者による自己宣誓書により法人等の居住地国を特定し，既存であれば，残高25万ドル以下の場合は手続不要であり，残高25万ドル超の場合，金融機関の保有情報等により居住地国を特定することになります（以上は国税庁『改正税法のすべて　平成27年版』627頁を参考にした。）

(12) スイスとの金融口座情報の自動的交換に関する共同声明に署名
　平成28年1月28日に日本とスイスは金融口座情報の自動的交換に関する共同声明に署名しました。この共同声明によれば，両国間における金融口座情報の自動的交換は，それぞれの国内法に従ったOECD共通報告基準の実施について定期的に相互に伝達することになります。また，伝達した情報に関しては税務行政執行共助条約第22条に基づいて機密保持等が行われることになります。この共同声明により，平成30年以降，日本・スイス間では非居住者の金融口座情報が交換されますが，日本居住者（法人及び個人等）によるスイスの金融機関の利用が多いことが想定できるところです。

(13) 今後の問題点
　国外財産調書制度は，平成24年度の税制改正により導入され，平成26年1月から施行されています。この対象は，その年の12月31日においてその価額の合計額が5,000万円を超える国外財産を保有する居住者（非永住者を除く。）です。平成29年或いは平成30年には，海外の金融機関の口座情報が日本に届くことになります。また，報告対象となる金融口座も銀行預金だけではなく，証券，信託，保険等が含まれています。これらの点に注意を払って，国外財産等の現状

把握を適切に行う必要があります。

❸ 新しい第三国仲裁案

2015年6月にドイツで開催されたG7エルマウ・サミット首脳宣言に第三国仲裁案が盛り込まれました。

(1) 仲裁とは何か

そもそも仲裁とは，相互に仲裁に付すことに合意した場合，その争点となっている事項について第三者である仲裁人のその判断を仰いで，その判断に従うという制度です。例えば，海難事故における海事仲裁等が有名であり，このような分野で発展してきた制度と理解できます。

(2) EC仲裁条約とOECD等の動向

税務の領域における仲裁の先駆けとなったのは，ECの動向です。ECは移転価格等における二重課税を解消するために，仲裁条約（Arbitration Convention）制定への要望を1976年に行い，その後，1990年に仲裁条約（Convention on the elimination of double taxation in connection with the adjustments of profits of associated enterprises：90/436/EEC）を採択しました。この条約は，移転価格税制の対応的調整に焦点を当て，加盟国間における二重課税を解消することを目的としたもので，1995年1月1日に発効しています。この仲裁条約における仲裁規定は，強制的な仲裁で，2年間で相互協議が合意に達しない場合，権限ある当局は，諮問委員会（advisory commission）を設置することになっています（同条約第7条）。

このようなECの動きと連動して1984年以降，OECD等において次のような動きがありました。

① 1984年にOECD報告書（Transfer Pricing and Multinational Enterprises-Three Taxation Issues）において仲裁手続を含む強制的な対応的調整の可能性が検討されました。

② 米国が締結した租税条約のうち，相互協議条項に仲裁に関する規定が設けられた最初のものは1989年8月に改正された米独租税条約（以下「旧米

独租税条約」という。)です。米国は,その後,対カナダ,メキシコ,オランダ租税条約等に同様の規定を置いています。
③ 1990年7月1日に米国租税裁判所第124号(法的拘束力のある任意の仲裁調整手続)が施行されました。これは国内法における仲裁手続の活用例です。
④ 2004年7月27日に,OECD租税委員会は31項目の検討課題が含まれた「Improving the Process for Resolving International Tax Disputes」を公表し,2006年2月1日には「Proposals for Improving Mechanisms for the Resolution of tax treaty disputes (公開草案)」を公表して,これに対する会議が2006年3月13日に東京で開催されました。
⑤ 2006年6月1日に米独租税条約の改正議定書がベルリンで署名されました。この改正租税条約(以下「新米独租税条約」という。)は,強制的仲裁規定を相互協議条項に規定しています。米国の財務省の担当者は,新米独租税条約の仲裁規定が今後の米国の締結する租税条約のモデルとなると述べています(John Harrington, Testimony of Treasury International Tax Counsel, July 17, 2007)。
⑥ 2007年1月30日 OECDは,上記における意見を集約した「Improving the resolution of tax treaty disputes」を租税委員会で採択し公表しました。そして,2008年4月から5月にかけて,OECDモデル租税条約が改正され,同モデル租税条約第25条(相互協議条項)に仲裁を規定した第5項が規定されるとともに,同項に関するコメンタリーが付されました。

(3) 日本における動向

日本は,平成22年8月に改正日本・オランダ租税条約の署名をしました。この租税条約は,第24条の相互協議手続(本条約第24条第5項,議定書12条)に日本で初めて仲裁規定を設けたものです。この後に,日本は,対香港,対ポルトガル,対ニュージーランド,対英国,対スウェーデン,対米国(未発効),対ドイツ(未発効),対チリ(未発効)と仲裁規定を入れた租税条約を締結しています。

(4) 第三国仲裁案の特徴

今回の第三国仲裁は，仲裁の本質は変わりませんが，国際的租税回避等の事案の解決の場合は，関連する国の間で合意に達しないとき，第三国が仲裁するというもので，租税条約に基づく相互協議では解決が難しい対立状態にある状況を解説する方法として，G7では，今後のこの方法を推進することを鮮明にしたのです。今後，具体的にどのような方法がとられるのか不明ですが，仮に，このような方法が定着するのであれば，移転価格事案について，多国間税務執行共助条約に基づいて二国間税務調査を実施し，その解決に，両国の利害が対立をみた場合，第三国による仲裁ということも想定できるのです。OECDによるBEPS活動計画の推進で国際協調路線が拡大する中で，各国の利害がこのような方法で調整できれば幸いですが，これが可能であるのは先進諸国間ということも考えられます。

❹ フランスの離国税（exit tax）

(1) 離国税とは何か

2015年5月に就任したフランスのオランド大統領は，同国の所得税率を引き上げる政策を発表した途端，パリ在住の企業経営者等が，ベルギー，スイス等に住所を移したことは報道されて多くの議論を呼びました。特に，騒がれたのは，フランスの著名な俳優が，ベルギーに移住したところ，税逃れという非難が起こり，同俳優は，ロシア国籍を取得して移住したのです。そして，普段は物件がないパリやコートダジュールの高級住宅に売りが出たこともこの税制改正の影響といわれています。

また，フランスばかりではなく，日本においても，平成25年度税制改正において相続税の課税を強化したことから，富裕層の国外脱出が話題となっています。

このように，納税義務者が本来の居住地国を離れて，税負担の軽い国に移住するというタックスプランニングが盛んになると，その居住形態を変更することで租税回避を図ることになることから，このようなことを防止するために，国を離れる富裕層等に対して，国外に出る際に課税をする税が離国税です。

(2) 米国における2008年税制改正

2008年6月17日に成立した2008年改正法（Heroes Earnings Assistance and Relief Tax Act of 2008, P. L. 110-245, H. R. 6081：以下「改正法」という。）の第301条（離国者に関する課税ルールの改正）は，内国歳入法典第877条を改正して，第877A条を創設したのです。この条の見出しは，「離国（expatriation）に係る納税義務」です。

同法に規定する離国者には，米国市民権を放棄する者及び米国の永住権であるグリーンカード等の権利を放棄する米国長期居住者（long-term resident）が該当します。

例えば，日本に5年以上住んでいる米国市民権のある個人の場合，日本の所得税では居住者（永住者）であり，全世界所得を日本において課税されますが，この個人はまた米国市民でもあることから，米国においても全世界所得について納税義務を負うことになります。また，米国の永住権を有する外国国籍の個人も，課税においては米国市民と同様に，全世界所得が米国において課税所得の範囲となります。

その課税方法は，出国時にすべての財産をその日に売却したものとみなして時価評価します。そして，課税所得の計算上，物価調整後で60万ドルの控除をします。長期居住者の場合は，居住者になった時点で所有していた財産については，居住者になった時点における時価で評価します。納税の猶予があり，納税義務者は選択により，資産の実際の売却時まで納税を猶予されます。

(3) フランスの離国税

2011年3月3日以降，フランスにおいても離国税の適用が開始されています。フランスは新しい規定を創設しました。

この課税は，所得のうちの譲渡収益を課税することに主眼です。この課税の対象者は，フランス居住者から他国の居住者に居住形態を変更する際に，法人株式を1％を超えて所有する者，或いは，所有株式の価値が130万ユーロを超える者がその対象となります。この課税となる要件は，数社の株式を所有しその所有割合が1％未満であっても，所有する株式の価値の総計が130万ユーロを超える場合課税対象となります。

この課税は，所有する株式の譲渡を要件としていないことから，株式の値上

がり益(未実現利益)に対して行われることになりますが,当該株式を実際に譲渡した段階で課される税から離国税は税額控除をすることができます。また,離国税は,その納付後8年以内であれば,還付が可能です。同税が還付される場合とは,離国税額が算出税額を上回る場合,当該株式が譲渡されなかった場合,8年以内に納税義務者であった者が再度フランスの居住者となる場合です。ただし,離国税は,フランス居住者が他のEU加盟国の居住者となる場合には課税されることはありません。

❺ スイスにおける富裕層への優遇税制

(1) 日本の富裕層課税

　日本では,平成25年度の税制改正により,相続税の基礎控除の引下げ,相続税及び贈与税の税率の引上げ,そして所得税では課税所得4,000万円超について45%と最高税率の見直しが行われ,これらの改正が平成27年1月から施行されました。

　日本は,現在米国に次いで世界第2位の富裕層(100万ドル以上の純資産保有者)を有しており,これらの富裕層に対する課税強化が行われることから,その動向が注目されるとともに,国外財産調書の導入,租税条約等に基づく国外資産に係る情報交換制度の拡充,そして,平成26年10月に報道された平成27年度の税制改正による出国税の創設等,富裕層の税務環境は次第に厳しくなっています。

(2) スイスの個人税制の特徴

　スイスの場合は,連邦国家で,26の州(カントン)があり,連邦税,州税,町村民税の3段階で課税されます。また,税負担は,一般的に連邦税よりも州税等の地方税の負担が重くなっています。

(3) 個人の居住形態と課税所得の範囲

　スイス居住者及びスイスに住所を有する個人は,全世界所得が課税範囲となりますが,外国不動産からの所得及び外国支店からの所得はこの対象外です。個人がスイス国内に生活の本拠である住居を構える場合,或いは,1月以上ス

イス国内に滞在することを意図する場合，この個人は，スイス居住者とみなされることになります。

(4) スイスの一括税

　スイスの個人税制は，それほど魅力があるとはいえませんが，スイスには，F1レーサー，芸能人，企業の経営者等が在住しています。その理由は，スイスには，富裕層に対する優遇税制として一括税があるからです。この税を申請できる者は，初めてスイスに来た外国人或いは10年以上スイスを離れていて戻ってきた外国人で，スイス国内で所得を得ていない外国人が対象となります。

　この税は，当該外国人のスイス国外で取得した所得等を課税標準とせず，スイスにおける生活費等（所有不動産等の年間賃貸価値の所定の倍数以上）に基づいて課税することから，通常のスイス居住者として，国外源泉所得も含めて課税を受ける場合と比較すると税負担が軽減され，毎年所定の金額を納付すれば，それで納税義務を果たしたことになるため，富裕層にとってはこの制度は優遇税制です。

　しかし，最近は，各州において一括税廃止の動きがあり，スイス在住の富裕層が国外に移住を始めています。スイスは出国税がないことから国外移転自体に問題はありませんが，どの国が国外移転した富裕層の受け皿となるのかが注目されています。スイスは，金融機関が米国の米国人預金者に関する情報開示に応じる等，富裕層からみれば，スイスの価値が下落傾向にあり，スイス国外から流出した富裕層の動向が注目されます。

❻　リヒテンシュタインの方針変更

(1) 日本・リヒテンシュタイン情報交換協定の締結

　日本は，平成24年7月にリヒテンシュタインとの情報交換協定に署名し，同協定は，平成24年12月に発効しました。

　リヒテンシュタインは，タックスヘイブン或いは国際金融等に関心のある向きにとっては，なじみのある国名ですが，その場所或いは国の概要等は，多くの人に知られている状態ではありません。

　日本の外務省のHPにある資料によれば，同国は，スイスとオーストリアに

挟まれる位置にあり，政体は立憲君主制で，面積は日本の小豆島と同程度，人口は約3万5千人，使用言語はドイツ語となっています。しかし，このような小国であっても，過去のニュースでは，粉飾決算等で事件となったオリンパス社の場合，同社がリヒテンシュタインの銀行に口座を所有していることが報道されました。

(2) **リヒテンシュタインにおける銀行スキャンダル**

リヒテンシュタインには10を超える銀行が営業を行っているといわれていますが，平成18年（2006年）に，リヒテンシュタイン最古の銀行の1つであるLGTから元行員により持ち出された1,400人分の顧客名簿をドイツ連邦情報局（BND）が購入したという事件がありました。

その後，その取得した資料は，ドイツ検察庁と課税当局にわたり，平成20年（2008年）初頭，LGTの顧客名簿を基に脱税者摘発に乗り出し，その脱税摘発によって，ドイツの課税当局は3,000万ユーロ以上の追徴課税を行ったのです。

米国上院の調査委によれば，このスイス最大手の銀行であるUBSとリヒテンシュタインの銀行であるLGTは，米国において多額の脱税ほう助を行ってきたという報告がなされています。

(3) **英国とリヒテンシュタイン共同のTax Amnesty**

リヒテンシュタインの政体は立憲君主制ですが，元首は，ハンス・アダム2世であり，前出のLGTは，王族が所有する銀行です。そして，LGTは，これまで表面化しなかった預金者と税の問題がドイツ或いは米国において明らかになったのです。リヒテンシュタインが具体的に従前の方針をどのように改善したという点に関する直接的な資料はみていませんが，次に述べる英国との共同プログラムに同国の新しい方向性がみえているように思われます。

英国は，リヒテンシュタインと2009年8月11日に情報交換協定と情報交換等の協力に関する覚書（以下「覚書」という。）に署名しました。英国国税庁（HMRC）は，覚書に関する処理の受け皿として，この情報交換協定署名と同時に，LDF（Liechtenstein Disclosure Facility）を公表しました。LDFの実施期間は，2009年9月1日から2015年3月31日までの間です。このLDFの対象者は，英国の納税義務者でリヒテンシュタインに銀行口座，法人等の財産を所

有している者です。英国国税庁は、申告未済分に10％の加算税を課すこととし、遡及は10年（1999年4月1日から2009年4月5日まで）であり、LDFの利用者は1,200名程度を見込んでいました。

すなわち、この手続は、リヒテンシュタインに預金口座を持つ英国の者に対して、修正等の手続を行えば、税の負担を軽減するというTax Amnestyの考え方を取り入れた施策です。特に、注目すべきは、この処理が、双方向型であり、リヒテンシュタインが英国の者に対して積極的に申告を行うことを奨励している点です。具体的には、①リヒテンシュタインの金融機関は通知後の18か月中に一連の申告作業（disclosure process）を終えることを期待して英国の納税義務者に通知します。②納税義務者は、英国国税庁に対して自主申告の意思のあることを通知し、英国国税庁は、60日以内に登録証明書を発行します。③納税義務者は、その通知書を30日以内にリヒテンシュタインの金融機関に送付します。④納税義務者は自主申告を行い、英国国税庁は、30日以内に自主申告を行った証明書を発行します。⑤納税義務者は、30日以内にリヒテンシュタインの金融機関に当該証明書を送付します。⑥英国国税庁は、自主申告を検討し、是認する、という手続になります。

日本とリヒテンシュタインとの間の情報交換協定は、このような状況下において締結されました。

❼ ベルギーの優遇税制

(1) ベルギー税制の特徴

日本と同国との関係では、ベルギーの隣国のオランダのほうが日本と長い歴史上の関係（長崎の出島を通じての通商等）があり有名ですが、外務省の調査による在留邦人数では、ベルギーは、欧州諸国のうち、英国、ドイツ、フランス、イタリアに次いで多くの日本人が滞在し、隣国オランダの在留邦人数を上回っています。

同国の法人税の基本税率は、2003年1月1日以降に開始された事業年度から33％です。EU諸国を中心として、法人税率は全般に25％を割る状態であることから、33％という税率は決して低税率とはいえませんが、ベルギーの優遇税制を利用すると税負担が大幅に軽減されることになります。

(2) 地域統括本部 (coordination center)

　ベルギーにおける優遇税制として有名なのがこの地域統括本部に係る税制です。地域統括本部とは，多国籍企業グループ各社のために販売促進，金融財務及びその他の管理事務のサービスを提供する法人ですが，業種にかかわらず，所定の原価等に一定の利益率を加えて課税所得を算定する方式で税負担が軽くなることのほかに，グループ各社に支払う投資所得の源泉徴収免除等の優遇税制が適用されていましたが，2003年2月17日に地域統括本部の優遇税制を欧州委員会がEU法に違反する国家補助であると判断したこと等からベルギー政府は改正を迫られ，一定であった利益率が業種に応じて変える必要等が生じた結果，租税上の恩典が減少したといわれています。

(3) みなし利子控除 (Notional Interest Deduction)

　この制度は，2005年に導入され，2006年12月31日以降に終了する事業年度から適用されているものです。法人が資金調達を行う場合，借入資本と出資による資本が調達源となりますが，借入資本の場合は，そのコストである支払利子について損金算入が認められるのに対して，出資の資本については，支払配当が税法損金不算入となります。このような相違をなくす優遇税制として，ベルギーは，ベルギー法人及びベルギー国内に支店等の恒久的施設又は不動産を有する外国法人に対して，所定の事業活動に使用する資本を借り入れたものとみなしてその利息相当額の損金算入を認めるものです。

　このみなし利息控除の対象となるものは，資本金，留保利益，準備金，繰越損益等を含み，除くものは，自己株式，財務諸表上の投資勘定に記載される株式，ベルギーと租税条約を締結している国にある外国支店等の純資産及び不動産等です。適用利率は，適用前年のベルギー国債（10年）の利率が使われています。

(4) 特許権等収入控除 (Patent Income Deduction)

　特許権等収入控除は，2007年に導入され2008年1月から適用となる租税優遇措置で，ベルギー法人及び外国法人のベルギー支店等が所定の特許権から生じた所得の80％相当額を控除することができるというものです。この対象となる特許権は，自社で開発した特許権，他社から取得した特許権で取得後に追加の

試験研究費を要したもの，他社から供与された特許ライセンスで取得後に追加の試験研究費を要したもの，の3つの形態に適用されます。

(5) 資本参加免税

所定の要件を満たす関係会社からの受取配当に関して，ベルギー法人及び外国法人のベルギー支店等は95％を免税とすることができます。資本参加免税の要件は，株式所有要件（配当受領法人が配当支払法人の株式の10％又は120万ユーロの出資をしている場合）と株式保有期間要件（配当受領法人が配当支払法人の株式を最低1年以上所有しこれらの株式が財務諸表にも計上されていること）で，金融機関及び保険会社の場合は株式保有期間要件のみを満たせば資本参加免税を受けることができます。なお，この制度は，ベルギーの税制と比較して「著しく有利な税制」の適用を受ける国（EU加盟国を除く。）に所在する子会社からの受取配当については適用されません。

⑧ ドバイからの対日投資

(1) ドバイの概要

中東湾岸諸国の1つであるアラブ首長国連邦（United Arab Emirates：以下「UAE」という。）は，アブダビ，ドバイと他の5つの首長国から構成されている連邦国家です。UAE全体の面積は，北海道とほぼ同じあり，首都はアブダビです。ドバイは，このUAEの1首長国（ドバイ首長国）でありその首都であるとともに，中東最大のビジネス・金融センターであり，同地にある企業数は約6,000といわれています。

(2) 平成21年のドバイ・ショック

ドバイは，石油埋蔵量が枯渇したころから大規模なビジネスセンター構想に基づいて多くの外国企業を誘致するために多額の不動産投資を行いビル等の建設を進めてきました。しかし，平成21年11月25日にドバイの政府系投資持株会社の不動産業の子会社が債務返済の一時凍結を欧米の金融機関に要請をしたことにより，欧米銀行の信用不安からユーロが売られるというドバイ・ショックが起きました。当時の新聞報道では，日系企業のドバイへの債権は6,600億円

といわれていました。しかし，アブダビ等からの支援等により，この状態は解消されました。

(3) ドバイからの対日投資

　日本とUAEとの間で租税条約（以下「UAE条約」という。）が締結されました。UAE条約は，ドバイが関係することで，他の中東諸国との租税条約とはその効果が異なるものと思われます。中東諸国のオイルマネーの多くは，欧米の企業等にその運用を委託してきました。しかし，近年，金融センターとしてのドバイの進展により，中東，アフリカ諸国の資金が，欧米企業に依存することなく，自らの手で運用されるようになりました。ドバイはその中心地です。このような状態の下で，日本とUAEに間に租税条約が締結されたということは，ドバイを通じて，日本と租税条約のない，中東，アフリカ諸国がドバイ経由で日本に投資する可能性が生じたことになりますので，日本からみても，ドバイが中東進出の拠点となる可能性もある。

❾　対アフリカ諸国等と英国の租税条約

(1) 歴史のある英国の租税条約の特徴

　英国は，第二次世界大戦前には多くの海外領土を所有していたこともあって，租税条約の先進国というイメージがありますが，この大英帝国であったことが災いして，租税条約締結のスタートは，第二次世界大戦が終了した1945年以降です。英国が最初に締結した本格的な租税条約は，1945年に署名した対米国との租税条約です。この対米国租税条約に続いて，英国は，海外領土等との租税条約網を拡充したのです。経済発展の著しいアフリカ諸国と日本との租税条約網は，エジプト，南アフリカ，ザンビアと3か国のみですが，英国をはじめとして，第二次世界大戦以前からアフリカに権益を持っていた欧州諸国は，対アフリカ諸国との租税条約が充実しているといえます。

(2) 英国租税条約網の活用

　日本は，1993年以降，国連，世界銀行等と共同でアフリカ開発会議（TICAD）を開催し，2008年には第4回会議が横浜で開催されています。アフリカは国の

数が50を超え，国連における活動等においてもキャスティング・ボードを握っているともいわれています。また，最近では，資源の豊富なアフリカの国の経済発展には著しいものがあります。対アフリカ投資に関する税務として，投資先の国の税制はもちろん重要ですが，租税条約の有無も欠かせない判断要因といえます。その意味では，対アフリカ諸国との租税条約が充実している英国を見逃すことはできません。具体的には，アフリカ諸国への投資を行う場合，英国に拠点を設けて，英国の租税条約網を利用することです。

　英国税条約網を利用するメリットの1つは，英国と投資先のアフリカの国との間の租税条約があればそれを利用して，投資先の国における課税が減免される可能性があります。第2は，英国の国内法の適用によるメリットです。英国は，フランスが増税路線となっているのに反して，税負担を軽減して英国への投資を呼び込もうという政策です。例えば，法人税率では，2000年以降，大きく引き下げられています。また，2011年度より国外支店所得課税に免税選択を認めています。第3に，英国は，統括会社の設立について，税制上の優遇措置を与えています。既に述べたように英国は，法人税率の引下げのほかに，英国以外（例えば，EU諸国のグループ企業）からの受取配当の課税免除，英国法人（グループ企業）についてはグループリリーフ制度（75％持株要件により損失のグループ内通算可）の適用等が認められています。さらに，英国法人から日本親法人に対して配当を支払った場合，英国から日本への配当については，英国国内法により英国における源泉徴収はありません。これまで，欧州における持株会社等の設立国としては，優遇税制のあるオランダが有名でしたが，英国もオランダと競争する条件が整ったといえます。

[参考文献]

- 大久保修身『租税条約の解説　日印・日加・日ソ・日中・日スウェーデン・日インドネシア』平成2年　日本租税研究協会
- 昭和61年以降の『改正税法のすべて』
- 小松芳明『租税条約の研究［新版］』昭和57年　有斐閣
- 高山政信・坪内二郎・矢内一好『国際税務総覧2015/2016』財経詳報社　平成27年
- 筒井順二『租税条約の解説―日英・日伊・日独・日洪・日波・日比』　昭和56年　日本租税研究協会
- 平尾照夫『租税条約の解説』昭和39年　日本租税研究協会
- 矢内一好『国際課税と租税条約』平成4年　ぎょうせい
- 矢内一好『詳解　日米租税条約』平成16年　中央経済社
- 矢内一好『解説・改正租税条約』平成19年　財経詳報社
- 矢内一好『改正租税条約のすべて』平成25年　財経詳報社
- 矢内一好『コンパクト解説　日本とアジア・大洋州・米州・旧ソ連諸国との租税条約』平成28年　財経詳報社

著者紹介

矢内　一好（やない　かずよし）
中央大学商学部教授　博士（会計学）（中央大学）
中央大学大学院商学研究科修士課程修了後，1975～1990年に国税庁税務大学校，東京国税局等に勤務，その後，産能短期大学助教授，日本大学商学部勤務を経て，2002年4月より中央大学商学部で教授として税法，国際税務論等を担当して現在に至る。国税庁税務大学校講師，専修大学大学院商学研究科非常勤講師，慶応義塾大学大学院法学研究科非常勤講師。

（単著）

1 『国際課税と租税条約』（ぎょうせい　平成4年）（第1回租税資料館賞）
2 『租税条約の論点』（中央経済社　平成9年）（第26回日本公認会計士協会学術賞）
3 『移転価格税制の理論』（中央経済社　平成11年）
4 『和英用語対照　税務・会計用語辞典』（十訂版）（編著者　矢内一好）（財経詳報社　平成14年）
5 『連結納税制度』（中央経済社　平成15年）
6 『詳解日米租税条約』（中央経済社　平成16年）
7 『解説　改正租税条約』（財経詳報社　平成19年）
8 『Q&A国際税務の基本問題～最新トピックスの検討』（財経詳報社　平成20年）
9 『キーワードでわかる国際税務』（中央経済社　平成21年）
10 『米国税務会計史』（中央大学出版部　平成23年）
11 『現代米国税務会計史』（中央大学出版部　平成24年）
12 『改正租税条約のすべて』（財経詳報社　平成25年）
13 『英国税務会計史』（中央大学出版部　平成26年）
14 『一般否認規定と租税回避判例の各国比較～GAARパッケージの視点からの分析』（財経詳報社　平成27年）
15 『コンパクト解説　日本とアジア・大洋州・米州・旧ソ連諸国との租税条約』財経詳報社，平成28年。

（業績：その他）

「米国租税条約の研究」『税務大学校論叢』第19号及び「国際連盟におけるモデル租税条約の発展」『税務大学校論叢』第20号で日本税理士連合会研究奨励賞受賞（1989年）。その他，共著，論文等多数。

コンパクト解説
日本とヨーロッパ・中東・アフリカ諸国との租税条約

平成28年7月9日　初版発行

著　者　矢　内　一　好
発行者　宮　本　弘　明

発行所　株式会社　財経詳報社

〒103-0013　東京都中央区日本橋人形町1-7-10
電　話　03（3661）5266（代）
ＦＡＸ　03（3661）5268
http://www.zaik.jp
振替口座　00170-8-26500

落丁・乱丁はお取り替えいたします。　　　印刷・製本　創栄図書印刷
©2016　Kazuyoshi Yanai　　　　　　　　　Printed in Japan
ISBN　978-4-88177-426-7